论语

本丛书编委会 ◎ 编

LUN YU

BENCONGSHU
BIANWEIHUI BIAN

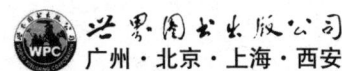

世界图书出版公司
广州·北京·上海·西安

图书在版编目（CIP）数据

论语/《青少年必读丛书》编委会编．—广州：广东世界图书出版公司，2009.10（2024.2重印）

（青少年必读丛书）

ISBN 978-7-5100-1084-2

Ⅰ．论… Ⅱ．青… Ⅲ．①儒家②论语—青少年读物 Ⅳ．B222.2-49

中国版本图书馆CIP数据核字（2009）第169618号

书　　　名	论语 LUN YU
编　　　者	《青少年必读丛书》编委会
责任编辑	韩海霞
装帧设计	三棵树设计工作组
出版发行	世界图书出版有限公司　世界图书出版广东有限公司
地　　　址	广州市海珠区新港西路大江冲25号
邮　　　编	510300
电　　　话	020-84452179
网　　　址	http://www.gdst.com.cn
邮　　　箱	wpc_gdst@163.com
经　　　销	新华书店
印　　　刷	唐山富达印务有限公司
开　　　本	787mm×1092mm　1/16
印　　　张	13
字　　　数	160千字
版　　　次	2009年10月第1版　2024年2月第11次印刷
国际书号	ISBN 978-7-5100-1084-2
定　　　价	49.80元

版权所有　翻印必究

（如有印装错误，请与出版社联系）

A Treasury of World's Classics

　　《论语》作为一部涉及人类生活诸多方面的儒家经典著作，许多篇章谈到做人的问题，这对当代人具有借鉴意义。

　　孔子（公元前551～公元前479），名丘，字仲尼，生于鲁国。孔子的祖先是宋国贵族，后来逐渐衰落而迁到鲁国。孔子幼年丧父，家境贫寒，年少时做过许多卑贱的工作，"吾少也贱，故多能鄙事"（孔子语）。据孔子自述，他15岁时就以学为志，学习的内容自然非常广泛，但首先不能离开先代的礼乐典章制度。孔子到30岁时，所学已颇有成就。据《史记》载，齐景公当时来到鲁国，曾特别向孔子请教政事。

　　50岁左右，孔子逐渐受到当政者的重视，担任要职，由中都宰为司空，由司空为大司寇，直到以大司寇行摄相事。其间，孔子为人称道的政绩有：堕鲁权臣季孙、孟孙、叔孙三家城邑，诛鲁国乱政大夫少正卯。后来，孔子因不满鲁君接受齐人馈赠的女乐而愤然出走，开始了长达十几年的飘泊生涯。孔子周游列国，始终希望找到一个能够实现其政治理想的地方。孔子非但未受到各诸侯国当权者的欢迎，且时常受到一些意想不到的威胁，孔子畏于匡、孔子困于陈蔡，形容狼狈。年近70，孔子在失望中返回鲁国，没过几年，孔子就带着遗憾死了。

　　《论语》首创语录之体。汉语文章的典范性也发源于此。《论语》一书比较忠实地记述了孔子及其弟子的言行，也比较集中地反映了孔子的思想。今本《论语》共20篇。儒家创始人孔子的政治思想核心是"仁""礼""义"。作为一部优秀的语录体散文集，它以言简意赅、含蓄隽永的语言，记述了孔子及其弟子的言论。《论语》中所记孔子循循善诱的教诲之言，或简单应答，点到即止；或启发论辩，侃侃而谈；富于变化，娓娓动人。《论语》作为孔子及门人的言行集，内容十分广泛，多半涉及人类社会中的生活问题，对中华民族的心理素质及道德行为起到过重大影响。直到近代新文化运动之前，约在2000多年的历史中，《论语》一直是中国人的初学必读之书。

　　本丛书从广大读者的接受能力和理解能力出发，为文章做了注解，以帮助广大读者理解和欣赏。在编选过程中，难免会有不完美之处，望广大读者朋友及时为我们指明不足之处，以作进一步的改进。

青少年必读丛书

A Treasury of World's Classics

目 录

第一篇　学　而 ………………………………… 1
第二篇　为　政 ………………………………… 12
第三篇　八　佾 ………………………………… 23
第四篇　里　仁 ………………………………… 35
第五篇　公冶长 ………………………………… 47
第六篇　雍　也 ………………………………… 60
第七篇　述　而 ………………………………… 69
第八篇　泰　伯 ………………………………… 78
第九篇　颜　渊 ………………………………… 92
第十篇　子　路 ………………………………… 102
第十一篇　宪　问 ……………………………… 116
第十二篇　卫灵公 ……………………………… 132
第十三篇　季　氏 ……………………………… 153

第十四篇 阳　货 ………………………… 166

第十五篇 微　子 ………………………… 178

第十六篇 子　张 ………………………… 185

第十七篇 尧　曰 ………………………… 196

第一篇　学　而

子曰："学①而时习②之，不亦说③乎？有朋④自远方来，不亦乐⑤乎？人不知而不愠⑥，不亦君子乎？"

注释

①学：孔子在这里所讲的学，主要是指学习西周的《礼》、《乐》、《诗》、《书》等传统文化典籍。

②时习：在周秦时代，"时"字用作副词，意为在一定的时候或者在适当的时候。但朱熹在《四书集注》（以下简称《集注》）一书中把时解释为时常。习，指演习《礼》、《乐》，复习《诗》、《书》，也含有温

习、实习、练习的意思。

③说:同"悦",愉快、高兴的意思。

④有朋:旧注说,"同门曰朋",即同在一位老师门下学习的叫朋,也就是志同道合的人。

⑤乐:"说"与(yuè,悦)有所区别。旧注说,"悦在内心,乐则见于外"。

⑥愠:恼怒,怨恨。

译 文

孔子说:"学了以后又时常温习和练习,不是很愉快吗?有志同道合的人从远方来,不是很令人高兴的吗?人家不了解我,我也不怨恨、恼怒,不也是一个有德的君子吗?"

解 析

宋代著名学者朱熹对此章评价极高,说它是入道之门、积德之基。本章这三句话是人们非常熟悉的。历来的解释都是:学了以后,又时常温习和练习,不也很高兴吗?有志同道合的人从远方来,不是很令人高兴吗?别人不了解我,我也不怨恨恼怒,不正是有德的君子吗?。三句话,一句一个意思,前后句子也没有什么连贯性。但也有人认为这样解释不符合原义,指出这里的"学",不是指学习,而是指学说或主张;"时"不能理解为时常,而是时代或社会的意思;"习"不是温习,而是使用,引申为采用或采纳。这三句话不是孤立的,而是前后相互连贯的。其意思是:自己的学说,要是被社会采用,那就太高兴了;退一步说,要是没有被社会所采用,可是很多朋友赞同我的学说,纷纷到我这里来讨论问题,我也感到快乐;再退一步说,即使社会不采用,人们也不理解我,我也不怨恨,这样做,不也就是君子吗?这种解释可以自圆其说,而且也有一定的道理,因此,特收录于此供读者在理解本章内容时参考。

此外,在对"人不知而不愠"一句的解释中,也有人认为,人不知的后面没有宾语,人家不知道什么呢?当时因为孔子有说话的特定环境，他不需要说出知道什么，别人就可以理解了，却给后人留下一个谜。有人说，这一句是接上一句说的，从远方来的朋友向我求教，我告诉他，他还不懂，我却不生气。这样，"人不知"的意思就是人家不知道我所讲述的。这样的解释似乎有些牵强。

总之，本章提出以学习为乐事，做到"人不知而不愠"，反映出孔子学而不厌、诲人不倦、注重修养、严格要求自己的主张。这些思想主张在《论语》书中多处可见，也有助于对第一章内容的深入理解。

有子①曰："其为人也孝弟②，而好犯上者，鲜矣；不好犯上，而好作乱者，未之有也。君子务本，本立而道生。孝弟也者，其为仁之本与？"

注 释

①有子：孔子的学生，姓有，名若，比孔子小13岁，一说小33岁。后一说较为可信。在《论语》中，记载的孔子学生，一般都称字，只有曾参和有若称子。因此，许多人认为《论语》即由曾参和有若所著述。

②孝弟：孝，当时认为是子女对待父母的正确态度；弟，读音和意义与悌（音tì）相同，即弟弟对待兄长的正确态度。孝、弟是孔子和儒家特别提倡的两个基本道德规范。旧注说："善事父母曰'孝'，善事兄长曰'弟'。"

译 文

有子说：一个人为人是孝顺父母，顺从兄长，而喜好触犯上层统治者，这样的人是很少见的；不喜好触犯上层统治者，而喜好造反的人是没有的。君子专心致力于根本的事务，根本建立了，治国做人的原则也就有了。孝

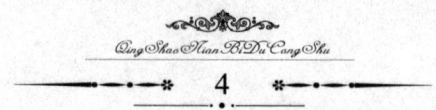

顺父母、顺从兄长,这就是仁的根本啊!"

解析

有若认为,人们如果能够在家中对父母尽孝,对兄长顺服,那么他在外就可以对国家尽忠。忠以孝悌为前提,孝悌以忠为目的。儒家认为,在家中实行了孝悌,统治集团内部就不会发生犯上作乱的事情;再把孝悌推广到劳动民众中去,民众也会绝对服从,而不会起来造反,就样就可以维护社会的安定。这里所提的孝悌是仁的根本,对于读者理解孔子以仁为核心的哲学、伦理思想非常重要。在春秋时代,周天子实行嫡长子继承制,其余庶子则分封为诸侯,诸侯以下也是如此。整个社会从天子、诸侯到大夫这样一种政治结构,其基础是封建的宗法血缘关系,而孝悌说正反映了当时宗法制社会的道德要求。

孝悌与社会的安定有直接关系。孔子看到了这一点,所以他的全部思想主张都是由此出发的,他从为人孝悌就不会发生犯上作乱之事这点上,说明孝悌即为仁的根本这个道理。自春秋战国以后的历代封建统治者和文人,都继承了孔子的孝悌说,主张"以孝治天下",汉代即是一个显例。他们把道德教化作为实行封建统治的重要手段,把老百姓禁锢在纲常伦理的桎梏之中,对民众的道德观念和道德行为产生了极大影响,也对整个中国传统文化产生了深刻影响。孝悌说是为封建统治和宗法家庭制度服务的,我们对此应有清醒的认识和分析判别,抛弃其中的封建毒素,继承其合理的内容,充分发挥道德在社会安定方面所应有的作用。

子曰:"巧言令色,鲜矣仁①!"

注释

①鲜矣仁:朱熹《集注》云:"专言鲜,则绝无可知,学者所当深戒也。"

译文

孔子说:"花言巧语,满脸堆笑的谄媚去讨好别人,这种人很少是有仁德的。"

解析

这一章,孔子讲仁的反面,即是花言巧语,工于辞令。儒家崇尚质朴,反对花言巧语;主张说话应谨慎小心,说到就要

做到,先做后说,反对说话做事随心所欲,只说不做,停留在口头上。这说明,孔子和儒家注重人的实际行动,特别要求人要言行一致,力戒空谈浮言,心口不一。孔子从仁的角度提醒人们,要对花言巧语的人提高警觉性。王肃《论语注》:"巧言无实,令色无质。"言简意明。

曾子曰:"吾日三省吾身:为人谋而不忠乎?与朋友交而不信乎[①]?传不习乎?

注释

①友:具有相同志向的人。信:诚。

译 文

曾子说:"我每天都多次地自我反省:我帮别人做事尽心尽力了吗?与朋友交往诚心相待了吗?老师传授的知识用心温习了吗?"

解 析

在春秋时代,社会变化十分剧烈,反映在意识领域中,即人们的思想信仰开始发生动摇,传统观念似乎已经在人们的头脑中出现危机。于是,曾参提出了自我反省的修养办法,不断检查自己的言行,使自己修善成完美的理想人格。《论语》一书中多次谈到自省的问题,要求弟子们自觉地反省,进行自我批评,加强个人思想修养和道德修养,改正个人言行举止上的各种错误。《易经·蹇卦》:"君子以反身修德。"王阳明《传习录》:"子夏笃信圣人,曾子反求诸己。"朱熹《集注》:"曾子以此三者日省其身,有则改之,无则加勉,其自治诚切如此,可谓得为学之本矣。"自省是儒家的一种道德修养方式,它是自己对自己的一种审视行为,目的是为了怎样做人,怎样处世。

宋代范仲淹、苏轼、张浚,明代的袁黄等人用划"功过格"的办法进行自省,以此来检查自己在道德修养上的进步或退步;宋代的赵概在几案上置黄豆和黑豆,以方便记住自己每天所做的好事和错事。

清代的曾国藩从31岁起:每天写《过隙影》,对每天的一念一事,包括过恶(心过、口过、身过)都写记下来,以便触目克治,终身不间断。以上几种做法都受曾子"三省吾身"的启发,只是在实际行动上有所不同,目的是将自省程式化,以便做到"观我生进退,未失道也(《易经·观卦》)"。

鲁迅时刻解剖别人,然而更多的是无情地解剖他自己。古希腊哲学家苏格拉底认为:未经省视的人生是没有价值的人生。从古到今,用"三省""省三""省吾""省身"等给自己、给儿女、给学生起名字的,比比皆是,代有其人,可见曾子的"三省吾身"之深入人心。

子夏曰:"贤贤易色①;事父母能竭其力;事君,能致其身;与朋友交,言而有信。虽曰未学,吾必谓之学矣。"

注释

①贤贤:敬重德行。第一个"贤"是动词,第二个"贤"是名词。易色:轻视容貌。此句指夫妇关系而言。

译文

子夏说:"对妻子,重品德,不重容貌;侍奉父母,能尽心尽力;服侍国君,能抛弃性命;和朋友交往,诚信诚意。一个这样的人,即使他自谦说自己没有读过什么诗书,我也一定要说他是读过诗书的人。"

解析

子夏认为,一个人到底有没有学问,他学问的好坏,主要不是看他的文化知识,而是要看他能不能实行孝、忠、信等传统伦理道德。只要做到了后面几点,即便他自己没有学习过,但他已经具有道德修养了,也可以说他已学好了人生的第一课。从这一点可以看到孔子教育重在德行的基本特点。

曾子曰："慎终①，追远，民德归厚矣②。"

注释

①慎终：谨慎小心地办父母的丧事。
②厚：淳厚。

译文

曾子说："父母的丧事能慎重对待，祭奠祖先能够敬重、真诚，如果都能这样做的话，民间的道德风尚就能日渐淳厚了。"

解析

曾子根据有若"孝悌为仁之本"的思想，提出要认真对待父母的丧礼和祖先的祭祀工作。对个人而言，关系到为人之子的孝道；对社会而言，关系到教化百姓，使他们形成良好的风俗习惯的问题。

只要可以做到丧尽其哀，祭尽其敬，那么社会道德风尚将日趋淳厚。当然丧事、祭事要恰如其分，要节哀顺变，符合自己的家庭条件，绝不能大操大办，那样就有伤社会风气。

本章内容仍是在继续深化孝这一道德观念和道德行为。儒家重视孝道，是由于孝是忠的基础，一个连父母都不能尽孝的人，他是不可能为国尽忠的。所以忠是孝的延伸和外化。

关于忠、孝的道德观念，在《论语》书中时常出现，表明儒家十分重视忠孝伦理道德观念，希望把人们塑造成有教养的忠孝两全的君子。这和春秋时代宗法制度相互适应。只要能做到忠与孝，社会与家庭就可以得到安定。

有子曰:"礼之用,和为贵①。先王之道②,斯为美;小大由之。有所不行,知和而和,不以礼节之,亦不可行也。"

注释

①和:恰到好处。
②先王:上一代君王。

译文

有子说:"礼的应用,贵在能调解损益、做事能恰到好处。先代治理国家,在这一点上做得好。不管大小事都依着这个原则。但是,如果有行不通的地方,便为恰当而求恰当,不用规矩来节制,那也是不行的。"

解析

和是儒家特别倡导的伦理、政治和社会原则。《礼记·中庸》中有:"喜怒哀乐之未发谓之中,发而皆中节谓之和。"杨遇夫《论语疏证》写道:"事之中节者皆谓之和,不独喜怒哀乐之发一事也。和今言适合,言恰当,言恰到好处。"有若认为在礼的运用上,以做到恰如其分,恰到好处最为可贵。这样就要对礼的运用有分寸感。譬如在外事活动中,礼节上高视阔步不行,低三下四也不行,不亢不卑才是得体的。又如婚丧祭祀活动,大操大办太浪费,但不能过于简陋,示人以"俭有可鄙"的印象。要对照自家的情况,丰俭适度。这种"礼用贵和"原则,过去贤明的君主是深知的。他们知道,这关系到国家的安宁和社会的稳定,无论事大还是事小都应当按这种原则去处理和对待。对某些事情,如果难于处理,为了化解矛盾、打通关节、搞好关系,不顾办事原则,去搞折中调和,去和稀泥,也是行不通的。

随着技术变革、制度创新,市场经济的快速发展,在经济、政治、文化等诸多领域中,国际间逐渐形成一种全球化的大趋势。我们对孔子的"和为贵"思想的理解,不应该只停留在礼的运用上,国与国之间的政治、军事、经济、外交关系,都应坚持和解,尊重和平共处原则。"和为贵"是有关大局的思想,因为人类只有一个太阳,共同生活在地球村落里,要达成共同生存、共同发展的共识,并付诸行事。

有子曰:"信近于义,言可复也①。恭近于礼,远耻辱也②。因不失其亲,亦可宗也。"

注释

①复：实现承诺。
②近：接近，这时用作动词。远：动词，使动用法，使……远离。

译文

有子说："讲信用要符合道义，承诺才能兑现。恭敬要合乎于礼，就能免遭耻辱。所依靠的，应该是亲近自己的人，(只有这样的人)才是可尊崇而靠得住的。"

解析

有若认为一个人立身处事、待人接物，要诚实守信，谦逊有礼。也就是说，言而有信，恭而有礼。有若所讲的信是指自己应承的事情，承诺的事情符不符合实际，是不是自己可以办到的，让自己来做的话，今后可以兑现，不是空头支票。

对人表示谦恭，也要顾及到双方的身份，亲疏关系和所处的场合，要符合礼节的常规，才不会使人反感，不要使自己蒙受"内愧之耻"和"外羞之辱"。做事因循苟且，会招致自失之悔。

第二篇　为　政

孟懿子问孝①。子曰:"无违②。"樊迟御③,子告之曰:"孟孙问孝于我,我对曰,无违。"樊迟曰:"何谓也?"子曰:"生,事之以礼;死,葬之以礼,祭之以礼。"

注　释

①孟懿子:鲁国大夫,三家之一,姓仲孙,名何忌,"懿"是他死后追赠的谥号。
②无违:古人凡违礼者谓之"违"。不要违背礼节。
③樊迟:孔子学生,名须,字子迟,孔子比他大四十六岁。御:驾车。

译　文

孟懿子问什么是孝,孔子回答说:"不要违背礼节。"
樊迟替孔子赶车。孔子告诉他说:"孟孙曾问我什么是孝;我回答说:'不要违背礼节'。"樊迟问:"这是什么意思呀?"孔子说:"父母在世时,要依照礼节服侍他们;父母去世后,要依照礼节安葬他们,依照礼节祭祀他们。"

> 解 析

　　这一章是孔子阐述怎样尽孝的问题。他对孟懿子只是原则地提出"无违",不要违背父母的心愿;对学生樊迟却具体指明孝行的内容。父母有生之年,子女应要依礼服侍他们;父母死后,要尽丧葬和祭祀之礼。

　　对父母要孝顺,要体贴父母,不要违背父母的心意。父母年迈,儿女要尽孝养之责;父母生病,儿女要及时求医尽心护理;父母去世,要认真处理后事,每年四时八节,要依照民族的习俗,进行默念和祭祀,以追念父母生养教导之恩。《孟子·梁惠王上》:"养生丧死无憾,王道之始也。"老百姓对生养死葬表示满意,是国家兴旺繁荣、社会安定团结的起点。

　　子游问孝①。子曰:"今之孝者,是谓能养②。至于犬马,皆能有养;不敬,何以别乎?"

> 注 释

①子游:孔子的学生,姓言名偃,字子游,吴人,孔子比他大四十五岁。

②养:赡养父母。

> 译 文

　　子游问什么是孝,孔子说:"现在的人所说的孝顺,只是能养父母就可以了。就像犬马,人也喂养它;如果只奉养而不诚心孝敬,那么养犬马和养父母有什么区别呢?"

解 析

我国最重孝道,对父母,要表示爱心,要诚敬,不能只在物质上奉养而已。从这章来看,孔子提出个"敬"字。从另一方面说,要孝敬父母,尽孝包括四方面的内容:养亲、事亲、尊亲、敬亲,即供养父母、服侍父母、尊重父母、敬重父母。

前两者属物质和事务层面,后两者属精神层面。尊亲表现在外表,敬亲表现在内心。对父母

只知道口体之奉,仅仅供养而已;不知尊敬父母,使之得到精神上的安慰,那只尽了犬马之养。孔子的话非常明白,为人子者,必须警省。

子曰:"吾与回言终日,不违,如愚。退而省其私①,亦足以发,回也不愚。"

注 释

①退:从老师那里退下。省:察看。私:私下。

译 文

孔子说:"我整天给颜回讲学,但他从来没有提出不一样的意见,好像是个笨人。课后我考察他私下的言行,发现他对我的见解却很能发挥。颜回呀,并不是愚笨的。"

解 析

我们知道,孔子最得意的学生就是颜回,又叫颜渊,无论在道德或学问上,颜回都是孔门中首屈一指的人物,所以孔子总提到颜回。这一章讲孔子的教育思想和方法。他不喜欢那种从来不提相反意见和问题的学生,希望学生在接受教育的时候,要开动脑筋,思考问题,对老师所讲的问题应当有所发挥。所以,他认为不思考问题、不提不一样意见的人,是蠢人。

zǐ yuē　　wēn gù ér zhī xīn　　kě yǐ wéi shī yǐ
子曰:"温故而知新,可以为师矣。"

译 文

孔子说:"经常复习已经学过的知识,并能从中悟出新的见解、新的收获,这样就可以当老师了。"

解 析

从文字上去解释,大家都知道,意思就是复习过去,知道现在的,便可以做人家的老师了。照表面文字上的解释,只是这样而已,实际上我们要更深一步体会。

"温故"——说过去的我们要知道,譬如讲中国历史,上下五千年,那又是为了什么呢?为了"温故而知新",认识了过去,就知道未来,这样,"可以为师矣。"过去就是你的教师,"前事不忘,后事之师也"。温故而知新就是这个意思。

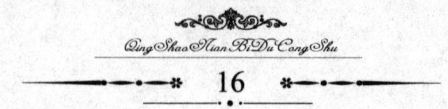

子曰："君子不器①。"

注释

①器：这里喻指专门的人才。

译文

孔子说："君子不能像器具那样，只具一定的用途就行了。"

解析

孔子心目中的君子是具有理想人格的人，非凡夫俗子，他应该担负起治国安邦之重任。对内可以妥善处理各种政务；对外能够应对四方。"不器"就是并不成为某一个定型的人。一个君子，就要上下古今中外无所不能。从表面上看，一个很好的大政治家，好像一个很好的演员，演什么角色，就是什么角色。当演工人的时候，就要规规矩矩做工；当演大官的时候，就要温温和和的做官，干哪一行就像哪一行。

子曰："学而不思则罔，思而不学则殆①。"

注释

①殆：疑惑。

译 文

孔子说:"勤求学问但不用心思考,就会迷惑;只是挖空心思去想却不认真读书,那还是疑难丛生得不到确实的知识的。"

解 析

学问是要用心去学的。有了学问但没有思想则"罔",是没有作用的,不能领会贯通和有新的发现。相反的,有了思想就要用学问来培养,如青少年们,天生聪明,但不求学,白白虚掷了青春。所以,思想没有学问去培养,则"殆",危险;由此可见思与学必须两相兼顾,只想不学终究一无所得,只学不想就会糊里糊涂。一个人只知道读书,而不是用心去读,那么正如孟子说:"尽信书不如无书",也就是说,读书必须用智慧来分辨书中所讲的道理是否正确,要从书中找出一个自我。书读多了,想深了,见广了,便会离开书本,逐步形成自己的思想和认识,成为自己精神世界的组成部分。书如果这样读那么就有作用了。

子曰："攻乎异端①，斯害也已。"

注释

①攻：一心放在某件事上。乎：相当于"于"。

译文

孔子说："一心攻读钻研错误的学说，那就不好啊。"

解析

去研究讲求异端邪说，不知不觉就受了污染，所以会形成灾害。孔子所在的时代，百家争鸣的局面还没形成，但是学说观点上的斗争，并联系到政治，却总是很激烈的。就从《论语》看，不同思想和政治观点之间的对立，就摆得很鲜明。孔子的措辞也绝非轻描淡写。

子张学干禄①。子曰："多闻阙疑，慎言其余，则寡尤；多见阙殆②，慎行其余，则寡悔。言寡尤，行寡悔，禄在其中矣。"

注释

①子张：（前503～?）孔子的学生颛孙师，字子张，春秋末陈国阳城（今河南登封）人，孔子比他大48岁。干：求。禄：官吏的薪水。
②阙殆：将困难问题留着，不下判断。

译文

子张向孔子请教求官职得俸禄的办法。孔子说:"多听听别人的意见,有疑问就保留,谨慎地说出无疑问、有把握的事,就能减少错误;多看看,保留疑问,谨慎小心地实行无疑问的事,就可以减少后悔。说话少出错,做事少后悔,官职俸禄的机会就在其中了。"

解析

孔子并不反对他的学生谋求官职,在《论语》中还有"学而优则仕"的观念。他认为,身居官位者,应当谨言慎行,说有把握的话,做有把握的事,这样能够减少失误,减少后悔。这是对国家、对个人负责任的态度。当然这里所说的,并不仅仅是一个为官的方法,也表明了孔子在知与行二者关系问题上的观念。总之,要谨言慎行,当然不要谨小慎微。南怀瑾先生讲解这一章时,特意引用了两句成语:"事到万难须放胆,宜于两可莫粗心。"意味深长,值得探索。

或谓孔子曰:"子奚不为政①?"子曰:"《书》云:'孝乎惟孝②,友于兄弟,施于有政③。'是亦为政,奚其为为政?"

注释

①或:不定代词,有人。奚:为什么。
②惟:只有。
③施:推及。有:无义,加于名词之前。政:指卿相大臣。

译文

有人对孔子说:"先生为何不去从政做官呢?"孔子说:"《尚书》里有句话说:'孝呀,就是孝敬父母,对兄弟友爱。'只要把这些品德应用到政治中去,这也是参与政治了,为什么只有做官才算参与了政治呢?"

解析

这一章反映了孔子两个方面的思想主张。第一,国家政治以孝为本;孝父友兄的人才有资格担当国家的官职,说明了孔子的德治思想主张;第二,孔子从事教育,不仅是教授学生问题,而且是通过对学生的教育,间接地参与国家政治,这是他教育思想的实质,也是他为政的一种形式。

子张问:"十世可知也①?"子曰:"殷因于夏礼②,所损益③,可知也;周因于殷礼,所损益,可知也。其或继周者,虽百世④,可知也。"

注释

①十世可知也：从下文孔子的回答来看，可以肯定子张问的是今后十代的礼仪制度。古称一世为三十年。也：同"耶"，表疑问。
②殷：殷朝，即商朝。因：沿袭，继承。
③损：减少。益：增加。
④虽：即使。

译文

子张问道："十个朝代以后的礼仪制度可以预知吗？"孔子说："殷代继承夏代的礼制，所废除的和增加的，是可以知道的；周代从殷代的礼制继承，废除的和增加的也都可以知道。今后有朝代接着周代下去，即使一百代以后，也是可以推知的。"

解析

子张问孔子是不是可以先知，预言将来怎么演变，孔子在这里讲到夏、商、周三世，只是引用过去以代表将来。子张问孔子将来时代的演变知不知道？孔子说知道，怎么会知道呢？孔子说殷商的文化是哪里来的，是由夏朝的文化演变而来。不过由于时代的变迁，夏朝原有的文化，有的废除了，有的增设了。但增设也好，废除也好，总由前面的历史迹象而来，总是有迹可循的。

今天我们距离孔子讲话的时代，相去2500多年，中华民族历经无数次大起大落、艰难而伟大的变革年代，但华夏文明的主体结构和主体精神，一直是沿袭至今，足见孔子的见地乃千古确论。

子曰:"非其鬼而祭之,谄也①。见义不为②,无勇也。"

注释

①谄:讨好。
②为:做。

译文

孔子说:"不是自己的祖先却去祭祀它,就是谄媚。眼前合乎道义的事不去做,那就是没有勇气。"

解析

孔子敬告当政者,要有见义勇为的道德勇气。从"祭非其鬼"这样多此一举来反衬见义勇为才是崇高的理性。我们不妨对夏商周三代的社会风尚和时代精神作一番粗略的了解。据《礼记·表记》记载,夏人尊命尚忠,殷人尊神尚鬼,周人尊礼尚文。夏文化为尊命文化,殷文化为尊神文化,周公制礼作乐,使有周一代形成尊礼文化,也可称之为诗歌礼乐文化,是中国人文文化史上的一块重要里程碑。孔子以"祭非其鬼"作铺垫,说明殷时代尊神尚鬼的风气仍然残存在春秋末期的社会生活当中。孔子批判了这种非礼的尚鬼风气,并宣扬见义勇为才是当政者应当大力提倡的社会公德。

见义勇为是社会有正道、有正气的表现,一个连鬼神都要去谄媚的人,不会有挺身而出、见义勇为的勇敢行为。生活中有那么多袖手"围"观落水者、打劫事件和侮辱妇女人身的看客,不能不是一个时代的悲哀!新世纪在大声呼喊着中华元气和中华正气!

第三篇 八 佾

孔子谓季氏①,"八佾舞于庭②,是可忍也③,孰不可忍也?"

注释

①季氏:鲁国的权臣季平子,即季意如。
②八佾:古代舞蹈奏乐,八人一行,叫一佾。八佾六十四人,只有天子才能用。诸侯用六佾。季氏作为大夫,只能用四佾。
③是:这个。忍:忍受。

译文

孔子谈到季氏时,说他在自己的庭院中奏乐舞蹈居然使用了周天子的八佾规格,这样的事都能忍受,那还有什么事情不能忍受呢?

解析

仁和智是孔子的人生哲学和伦理道德思想中的主体内容,礼乐是其思想体系中的一种功用,即"以仁智为主体,以礼乐为功用",简单地说为"仁体礼用"。

春秋末期,奴隶制社会正处于土崩瓦解、礼崩乐坏的过程中,违犯周礼、犯上作乱的事情时常发生,这是封建制代替奴隶制过程中的必然表现,季孙氏用八佾舞于庭院,是典型的破坏周礼的事件。对此，孔子表现出极大的愤慨，"是可忍也，孰不可忍也"一句，反映了孔子对此事的基本态度。

子曰："人而不仁，如礼何①？人而不仁，如乐何？"

注释

①如礼何：把礼放到什么位置了呢。

译文

孔子说："一个人不讲仁德，怎么去行礼待人？没有仁爱之心，乐对他又有什么用呢？"

解析

乐是人们表达思想情感的一种形式，它也是礼的一部分。礼与乐都是外在的表现，而仁则是人们内心的道德情感和要求。所以，礼乐必须反映人们的仁德。

相传西周开国元勋周公制订作乐，孔子继承周公的学术思想，明确礼乐之根本为仁心仁德。故史家有"周公制礼，孔子明仁"的说法。钱穆《论语新解》："孔子言礼必兼言乐，礼主敬，乐主和。礼不兼乐，偏近于拘束。乐不兼礼，偏近于流放。二者兼融，乃可表达人心到一恰好处。"

孔子把当时礼崩乐坏的原由，归咎于社会伦理道德沦丧，就是人们缺乏仁心仁德的教育和涵养。因此孔子发出如此感喟："人而不仁，失礼乱乐，礼乐又管什么用！"讲仁德的社会，人们将自觉接受衣冠礼乐文化的约束和陶冶。

子曰："夷狄之有君①，不如诸夏之亡也②。"

> **注释**

①夷：东方居住的少数民族。狄：北方居住的少数民族。诸夏：中原一带的诸侯国。
②亡：通"无"。

> **译文**

孔子说："不注重礼义的夷狄等部族虽然有首领、君主，还不如中原诸国没有君主但保留着礼仪好呢。"

> **解析**

孔子认为国家的文明、民族的文化非常重要，没有"经天纬地、临照四方"的文明，没有"诗书礼乐、衣冠饮食"的文化，是国家的不祥、民族的悲剧。南怀瑾先生在《论语别裁》中解说此章时指出，一个有文化的民族，"亡了国还有办法复国；如果文化亡了，那么从此很难翻身。试看古今中外的历史，文化亡了的民族而能翻身的，史无前例"。

孔子在二千五百多年前就明确地指出："那些没有自己的独特文化的少数民族，虽然他们有自己的头人、头目、君主，却比不上没有君主却有诗书礼乐、曲章制度、民风民俗、传统信仰的华夏诸国。"

20世纪中叶，一股极端的反传统文化思潮和造反意识，横行无忌地肆虐中国，气焰不可一世，给国家和民族带来前所未有的灾难。所幸中华文化、华夏文明源远流长、根深蒂固，经历十多年的挫折，最后还是走上长治久安的道路。

季氏旅于泰山①。子谓冉有曰②："女弗能救与③？"对曰："不能。"子曰："呜呼！曾谓泰山不如林放乎？"

注　释

①旅：祭山。按规定，只有天子和诸侯才有祭祀名山大川的资格。
②冉有：孔子的学生冉求，字子有，孔子大他29岁（前522～？）。当时他在季氏手下任职。
③弗：不。救：此处指设法劝阻。

译　文

季氏去祭祀泰山。孔子对冉有说："你就不能阻止他吗？"冉有回答说："不能。"

孔子说："哎呀？难道说泰山之神还不如林放，竟然会接受季氏越礼的祭祀吗？"

> 解析

本篇是孔子对当时的僭礼行为的批判和指责。上面两章中的僭礼行为发生在季氏三家的庭院中和庙堂之上,影响面窄,比较隐蔽。

这次公然在光天化日之下,在泰山举行大典,更是胆大妄为。从而更加反映了春秋时代社会风气之乱。乱在哪里?乱在春秋时代整个都是在讲究"权"与"术",后来大家就把这两个字连起来用了。

所谓"权"就是政治上讲的统治,也就是霸道。春秋末期王道衰微,霸道因此起来了。

其次是"术",也就是一般人所谓的用手段,用手段就是指不讲传统文化的道德和理性。用手段而取天下,就是"权术"。

子曰:"夏礼,吾能言之,杞不足征也①;殷礼,吾能言之,宋不足征也②。文献不足故也③。足,则吾能征之矣。"

> 注释

①杞:国名,夏禹的后代,故城在今河南杞县。
②宋:国名,商汤的后代,故城在今河南商丘市南。
③文献:文,典籍。献,贤者。

译 文

孔子说:"夏代的礼,我可以说出来,可是它的后代杞国的情况不足以作证明。殷代的礼,我也可以说,可是它的后代宋国的情况也不足以作证明。这是因为杞国、宋国的文献资料不充足和熟悉夏礼、殷礼的贤人不多的缘故,要是足够,我就能用它来作考证的证明了。"

解 析

孔子说中国的传统文化,是根据历史来的,但是历史与文化又是不可分开的。

中国是有五千多年的历史文明的古国。"自从盘古开天地,三皇五帝到如今",有确切的历史记载,可以依据的历史年代,目前只能上溯到公元前841年。是暴动赶走了统治者周厉王,由周公、召公共同执政,史称"共和行政",这是我国历史上有确切纪年的开始。

这之前两千多年的历史,被岁月的烟尘所覆盖。我国的历史学家痛感于"东周以前无历史",其之前是一块比较冷落的园地。

二千五百多年前的孔夫子就密切地关注着中国的历史文献,这是难能可贵的!孔子那时距离殷商亡才七百多年,已经痛感于历史提供的佐证不足。而后,经过秦始皇的焚书坑儒和20世纪60年代的"文化大革命"两次历史性的灾难,既毁了文籍,又毁了精通文籍的"贤人",历史的惨重教训值得记住!

1996年5月,我国正式宣告启动"夏商周断代工程",要给世人提供一份可信的夏商周年代表,它是一项艰难的综合科学技术系统工程。

考古研究员殷伟璋先生说的好:"年代之于历史,就如同骨骼之于人体一样。要想让历史老人站起来,必须搞清年代。"孔子的"无征不信"应该是这项工程的指导原则之一。

王孙贾问曰①:"与其媚于奥,宁媚于灶②,何谓也?"子曰:"不然③;获罪于天,无所祷也④。"

注释

①王孙贾:卫灵公的大臣。

②与其媚于奥,宁媚于灶:这两句疑是当时俗语。奥:房屋西南角。这里指主管居室隐蔽处的神。一般认为他比灶神尊重。媚:讨好。灶:灶神。

③然:正确。

④获罪于天,无所祷也:王孙贾和孔子的问答都是用比喻,用意何在,只能揣想。有人认为这是王孙贾请教孔子的话。奥为一室之主,比喻卫灵公。灶指灵公的宠姬南子、宠臣弥子瑕,二人地位虽不高,却有权有势。祷:比喻巴结、结纳。

译 文

孙贾问道:"'向屋子西南角的家神献媚,倒不如向灶神奉承',这话怎么讲?"孔子说:"错了,要是做了坏事得罪了老天爷,向谁祈祷都是没有用的。"

解 析

王孙贾问孔子关于奥与灶的问题,是很幽默的,他的意思是告诉孔子,你总是跟诸侯来往,我们这些士大夫要是不在君王面前替你讲几句好话,是没有用的呀!你拜访了诸侯,还是应该向我烧烧香。孔子却是这样回答的:"错了,要是做了坏事得罪了老天爷,向谁祈祷都是没有用的。"

这是中国人宗教思想的精神。他说一个人真的做坏人、做坏事,怎样祷告都没有用,任何菩萨都不能保佑你。

子贡欲去告朔之饩羊①。子曰:"赐也!尔爱其羊②,我爱其礼。"

注 释

①去:除去。告:音gù。朔:农历每个月的第一天。告朔饩羊,古代的一种制度。每年秋冬之交,周天子把第二年的历书颁给诸侯。诸侯将历书藏于祖庙,每月初一,便杀只活羊祭于庙,这叫做"告朔"。到了孔子时候,鲁君已不亲临祖庙,只是杀只活羊敷衍罢了。所以子贡认为不必留此形式,孔子却觉得有只羊比什么也没有好。饩羊,用于告朔礼的祭品羊。

②尔:你。爱:可惜。

译 文

子贡欲省去"告朔"之祭用的活羊。孔子却说:"端木赐呀,你爱惜的是那只活羊,我爱惜的却是那种礼仪。"

解 析

按照周礼的规定,周天子每年秋冬之交,就把第二年的历书颁给诸侯。诸侯把历书藏于祖庙里,并按照历书规定每月初一来到祖庙,杀一只活羊祭庙,表示每月听政的开始。当时,鲁国君主已不亲自去"告朔",所以,子贡提出去掉"饩羊"。

后人因以"告朔饩羊"比喻形同虚设。孔子却认为保留这一点历史形成的礼仪习俗实属必要,并教导子贡在爱羊和爱礼之间作出抉择。

子曰:"事君尽礼①,人以为谄也②。"

注 释

①尽礼:礼数周全。
②以为:觉得。

译 文

孔子说:"侍奉君主,完全按照礼节服侍,世人却觉得这样做是向君主谄媚、讨好。"

解 析

孔子一生要求自己严格按照周礼的规定侍奉君主,这是他的政治伦理信念,可是却受到别人的讥讽,认为他是在向君主谄媚、讨好。

这说明，当时的君臣关系已经遭到破坏，已经没有多少人再重视君臣之礼了。

孔子在这里是向身边的人表白做人涉世的难处，特别是正确处理君臣关系，最难圆满。如果自己毅力不坚定，见解不周到，受环境影响，也就跟着变了。那么该如何做呢？还是以礼为准，也是上面的话"尔爱其羊，我爱其礼"。人格还是建立在自己身上。

别人尽管不了解，只看自己内心真正的诚与不诚。诚的建立，时间长了便知道了。自己的见解与人格的精神，等待时间来考验，等待时间来证明并不是他人说的那么一回事，也就心安理得了。

定公问①："君使臣②，臣事君，如之何？"孔子对曰："君使臣以礼，臣事君以忠。"

注释

①定公：鲁国君主，姓姬，名宋，昭公之弟，在位15年(前509~前495)。"定"是谥号。
②使：使用。

译文

鲁定公问道："君使用臣，臣侍奉君，应该如何做？"孔子回答说："君主使用臣应当以礼相待，臣侍奉君主应当以忠诚相待。"

解析

鲁昭公时代，君臣关系紧张，曾被"三桓"势力逐出国外，客死他乡。鲁定公时代，不仅季孙氏专权，甚至陪臣阳虎执国命，定公特此提出怎样搞好君臣关系问题,向孔子求教。孔子觉得君臣关系处理不好,矛盾的主要方面在于国君。国君坦诚待人,以礼相待,臣民将会忠心回报。

在孔子心目中,君礼才能臣忠,父慈才能子孝,兄友才能弟恭。

当然这是封建社会的人伦道德秩序要求,与今天社会所要求的人际关系有着较大差距。

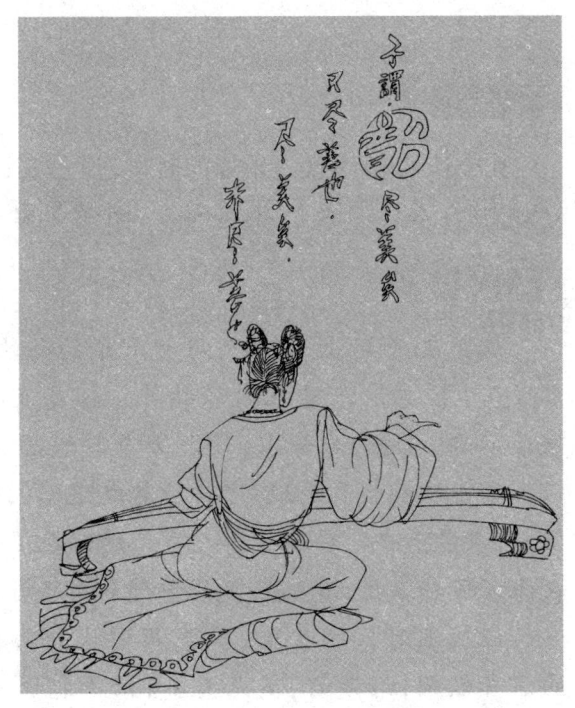

子谓《韶》①,"尽美矣,又尽善也②。"谓《武》③,"尽美矣,未尽善也。"

注 释

①《韶》:舜时的乐曲名。

②美:这里指声音。善:这里指内容。舜的君位由尧"禅让"而来,所以孔子认为"尽善"。周武王的王位由讨伐商纣而来,尽管是正义战,依孔子意,却觉得"未尽善"。

③《武》:周武王时的乐曲名,孔子觉得此乐不十分完善。

> 【译文】

孔子谈到《韶》这一乐舞的时候,说:"美极了,内容也好极了。"谈到《武》乐时,说:"美极了,但是内容还不够完好。"

> 【解析】

这是孔子对上古时代两部乐章的一次评价。他很重视艺术的形式美,但更注意艺术内容的善。这是有明显政治标准的,不只是娱乐问题。《韶》是舜乐,代表那个时代国家民族历史文化的精神。

因舜乐的主题表现了"舜承尧之道德",即指虞舜通过禅让继承帝位,所以舞乐中有一种太和之气。所以孔子说好,很美,也很善。以现在西方观念来说,真、善、美的价值都具备了。

但武王时代的音乐,代表那时代的历史精神,乃赞颂武王武功的乐舞歌词;好是好,美是真美,但不能说它是至善。孔子认为武王伐纣虽顺应天意民心,但毕竟经过征战,故说"未尽善",有点遗憾的味道。

第四篇　里　仁

子曰："里仁为美①。择不处仁②，焉得知③？"

注释

①里：本来指居住的地方，在这里用作动词，居住。
②处：居住。不处仁：不与仁相处。
③焉：怎么。知：同"智"，明智聪明。

译文

孔子说："选择住的地方，最好是有行仁道的地方；如果选择没有行仁道的地方居住，哪里还算得上聪明呢？"

解析

俗话说"远亲不如近邻"，指的就是邻居间的急难相救、守望相助。所以孔子说：住家应该选有行仁道的地方。这样不但有好的模范的学习，还可以远离灾祸。每个人的道德修养既是个人自身的事，又必然与所处的外界环境有关。

重视居住的环境，重视对朋友的选择，都是儒家一贯注重的问题。近朱者赤，近墨者黑，与有仁德的人住在一起，耳濡目染，都会受到仁德者的影响；相反的，就不大可能养成仁的情操。

孟子对孔子的"里仁为美"思想，作了深层的解释："仁，人之安宅也。"(参见《孟子·公孙丑上》)也就是说，仁德，是人们最安稳的立身之地。自处以仁德为美好。如果做人处世不以仁德为根本，达不到仁民爱物的思想境界，也就达不到智慧的高度。

子曰："不仁者不可以久处约①，不可以长处乐。仁者安仁②，知者利仁③。"

注 释

①约：指受约束的困窘境地。
②安：安居。
③知：同"智"。明智聪明。

译 文

孔子说："没有仁德的人，不可能长时间过穷困的生活，但也不可能长处于安乐的环境中。有仁德的人才能安心于实行仁德，聪明的人才能善于利用仁德。"

解 析

一个人有了正确的人生观、世界观、价值观，他才能做到"不戚戚于贫贱，不汲汲于富贵(陶渊明《五柳先生传》中语)。"

他将做到"仁以为己任"，进而做到舍己为人，也就是"智者利仁"。

这章说的是，如真有智慧、修养到达仁的境界，不管处于贫富之际，还是得意失意之间，都会乐天知命，安之若素的。

生活中的贫富之别是不可否认的事实,但一个修养好、志向高的人却能正视现实,甘于清贫,沉浸于自己追求的乐趣中。情趣不因物困而低下,精神高尚才能使身心愉悦。

子曰:"惟仁者能好人①,能恶人②。"

注释

①好:喜爱。
②恶:厌恶。

译文

孔子说:"只有仁德的人才可以慎重地去喜爱人,也可以严肃地去厌恶人。"

解析

人都有好恶之心,有自己喜欢的人,有自己不喜欢的人;只有大公无私的仁者,才可能好恶得其当,不会有偏爱的差错。

对身边的好人好事,表示敬重,向他们看齐,向他们学习;对身边的坏人坏事,表示憎恶,真心反对,同时进行规劝,让他们改过自新,弃恶从善,这也是一种对有过恶的人的一种真正的爱护,真正的挽救。

这一章语句似乎有些浅露,但意义深长。钱穆《论语新解》:"陈义虽深,却近在我身。"爱憎分明,是仁者的风范,也是仁者自我学习的重要表现。

子曰："苟志于仁矣①，无恶也。"

注 释

①苟：如果。

译 文

孔子说："假如立志于仁，就不会做坏事了。"

解 析

孔子觉得立志于仁德的人，他就有一个思想支持力量，积极地面向人生世相，逐渐树立起正确的人生观、世界观和价值观，他也绝不会去做坏事。既不会犯上作乱，为非作恶，也不会骄奢淫逸、随心所欲，而是可以做有益于国家、有利于百姓的善事了。居心作恶的人不可能有仁心仁德。

子曰："我未见好仁者，恶不仁者。好仁者，无以尚之①；恶不仁者，其为仁矣②，不使不仁者加乎其身。有能一日用其力于仁矣乎？我未见力不足者。盖有之矣③，我未之见也。"

注释

①尚:超过。
②矣:这里的用法同"也",表停顿。
③盖:大概。

译文

孔子说:"我没有看到过爱好仁德的人,没看到过厌恶不仁的人。那好仁德的人,是无法超过的;那厌恶不仁的人,他的为人,是绝不会让不仁的人靠近他。我没有见过,一个人真有一天决心用力去实行仁而力不足的!可能存在这种人,只是我没有见过。"

解析

这一章孔子讲的内容包括两层意思。

一、孔子认为他不曾看到有这种人,他是喜好仁德者却憎恶不仁者。他是个喜好仁德者,当然是再好莫过的了;但他憎恶不仁者,他只是"洁身自好""明哲保身",没有"仁者爱人"的博大胸怀。孔子觉得好仁者不应该憎恶甚至疏远不仁者。

一个有仁心仁德的人,他会主动去理解别人,同情别人,真心帮助人家改过自新,改邪归正,这才是仁爱之心的具体发挥。这种人具有崇高远大的理想,对人类社会抱有如北宋思想家张载所倡导的"爱己之心爱人""民吾同胞,物吾与也"的伟大感情。

二、孔子认为"为仁由己",只要自己一旦致力于仁德,把仁民爱物作为自己进德修业的指归,他不会觉得力不足的。退一步想,或许现实生活中也有这种人,可是孔子未曾看到过。

事在人为,只要着力于仁心仁德,并不存在能力问题。汉代崔瑗的座右铭:"持之苟有恒,久久自芬芳。"立志仁民爱物的人,应该有这份自信。

子曰："人之过也①，各于其党②。观过，斯知仁矣。"

注释

①过：过错。
②党：类别。

译文

孔子说："人的过错，按照各自的情况而有不同的类别。我们观察一个人所犯的过失，那么就可知道这个人是哪一类的人。"

解析

孔子这些话符合现代流行观念："物以类聚，人乃群分""欲知其塔测其影，欲知其人，观其所与。"孔子认为人的过错，乃至过恶（犯罪），跟他的社会关系密切相关。

追究其过错之由，可以从社会根源入手（当然还有思想根源和历史根源）。他结交的什么人，就可以作为他犯的过错的性质（是君子之过还是小人之过）的判据之一。

子曰："放于利而行①，多怨。"

注释

①放：依照。

译文

孔子说:"一切依照私利来做事,就会招来很多怨恨"。

解析

这一章也是谈义与利的问题。他认为,作为具有高尚人格的君子,他不会总是考虑个人利益的得与失,也不会一心追求个人利益。认为功利思想严重的人,见利忘义,结果败事招怨。比如在钱物分配上,有的领导人,不顾合理、合法、合情与否,一心想满足部分人的私欲,或企图讨好群众。结果上下交征,欲壑难填,导致互相埋怨,离心离德。

总之,利己必损人,肥私必损公。损人利己,损公肥私,轻则招怨,重则败事失职,甚至身败名裂。清代思想家颜元(号习斋)在《四书正误》中指出:"以义为利,圣贤平正之道""义中之利,君子所贵"。一味想着私利应当引以为耻。

子曰："不患无位①，患所以立②；不患莫己知，求为可知也。"

注释

①位：职位。
②立：所以立，指能够任职的才能。

译文

孔子说："不要担心没有职位，应该担心是自己没有胜任职位的才能。不要愁没有人了解自己，应该谋求能使别人了解自己的学问。"

解析

这是孔子对自己和自己的学生经常谈论的问题，是他立身处世的基本态度。就孔子看来，一个立志从政的人，不要把眼睛盯在职位上，担心自己捞不到一官半职，而是要认真思考一下自己的道德修养水平和胜任的才能。《孟子·告子上》："仁义忠信，乐善不倦，此天爵也；公卿大夫，此人爵也。"孟子觉得自然爵位（天爵，天职）高于社会爵位（人爵）。虽然"道德体现于事功"（明清之际思想家黄宗羲语），没有职位，就无法效力于社会。但作为社会中的一员，不由自主的事情不能强求。

最主要的一点，要严以律己，应该锤炼自己，是不是真正有一副敢挑大梁的铁肩膀。不要担心别人不理解自己，而是严格要求自己，具备让别人挑选的品格和素质。

子曰:"君子喻于义①,小人喻于利。"

注释

①喻:明白。

译文

孔子说:"君子懂得的是大义,小人明白的是私利。"

解析

"喻于义"和"喻于利",是君子和小人的分界线。喻于义就是为他人着想;喻于利只会想着自己,不知他人,利字当头,不惜损人利己,可见两者之间做人的境界真是天壤之别。西汉哲学家、经学家董仲舒主张:"正其义不谋其利,明其道不计其功。"

宋明理学家也很赞同这个观点。但与孔子的话不尽相同。由孔子的义利之辨发展而为辩证的义利观,其主旨为:个人利益服从整体利益,整体利益高于个人利益,整体利益包含个人利益。这是义利的统一观,是社会主义者所服膺的正当大道理。

子曰:"事父母几谏①,见志不从,又敬不违②,劳而不怨。"

注 释

①几：婉转。
②违：冒犯。

译 文

孔子说："侍奉父母，如果我们认为父母有什么不对的地方，我们要婉言劝说。如果父母不愿听从，还是要对他们恭恭敬敬，并不违抗，替他们操劳而不怨恨。"

解 析

这一章还是讲关于孝敬父母的问题。侍奉父母，这是应该的，但如果一味要求子女对父母绝对服从，百依百顺，甚至父母有不对的地方、不听劝说时，子女仍要对他们毕恭毕敬，没有任何怨言，那么就变成了封建专制主义。这也是维护封建宗法家族制度的重要纲常名教，我们应该辩证地接受。

子曰："父母在，不远游，游必有方①。"

注 释

①方：这里指明确的去处。

译文

孔子说:"父母在世的时候不要远离家乡;如果不得已要出远门,也必须明确去处。"

解析

孔子处于东周宗法等级制社会,生产力低下,父母在家庭生活中处于中心地位。父母年迈,要求儿女朝夕侍奉。儿女出不远游,游不过时;如果必须远游,一定要让父母知道自己去的地方。这里的所谓游,不是闲游,也不是旅游,而是学游(外出求学)和宦游(外出做官)。儿女应当理解远游在外,山重水复,音书难达,所谓"儿行千里母担忧"。

在当时的社会,养儿是为了防老,除开父母晚年生活必须儿女负担和照料外,特别是父母弥留之际,必须有儿女在身旁守护。弥留送终、送老归山(土葬)、守丧三年及以后的岁时祭祀,都是儿女履行孝行的伦常规定。

今天时代不同了,社会结构在趋向多元化,社会保障制度在建立和不断完善当中,通讯和交通事业日趋发达,"父母在,不远游"的观点显然不合时宜。

但儿女对父母的晚年生活的侍奉和临终关怀不能不有所顾虑。这是中国伦常社会的特点,也是中国人的凝聚力所在。

子曰:"君子欲讷于言而敏于行①。"

注释

①讷：语言迟钝。这句话和《学而篇》的"敏于事而慎于言"意思一样，所以译文加"谨慎"二字。

译文

孔子说："君子说话要谨慎而行动上应该敏捷。"

解析

孔子认为说话容易，但行动却很难。再三地忠告门人，说话要谨慎，行动要敏捷。多做实事，少说废话、套话。只有行动才能决定一个人的伦理道德价值。有的人不善于谈吐，口头语言能力不行，可是书面表达能力高超。如西晋文学家左思，《晋书·左思传》称他"貌寝口讷，而辞藻壮丽"。

对文学家和作家来说，作品就是他的事业，他的行动的记录。事实上，左思的《三都赋》构思十载而后写就，一时富贵之家，竟相传写，当时的洛阳城为之纸贵。

作为成德君子，一定要敏于行动，富于行动的韧性和及时性，少说废话、套话和随声附和的话。"言多无实"，君子引以为耻。

第五篇　公冶长

子谓公冶长①,"可妻也②。虽在缧绁之中③,非其罪也④。"以其子妻之。

注释

①公冶长:齐人,孔子学生。
②妻:去声,qì,这里用作动词,嫁。
③缧绁:拴罪人的绳索,这里代指监狱。
④非其罪:不是他本身的罪过。

译文

孔子谈到公冶长时,说:"我可以把女儿嫁给他,虽然他曾经坐过牢,但这不是他的罪过。"于是就把自己的女儿嫁给了他。

解析

《论语》第五篇用了较大的篇幅记叙孔子对门下弟子的一些言论,孔子教学的场所不限于杏坛(相传为孔子聚徒讲学处),有时却在宫墙之外。

这一章记载了孔子怎样正确对待公冶长其人。公冶长遭无妄之灾而身系囹圄(古代监狱),出狱后,孔子却将女儿嫁给他。说明孔子论人行事,不是以境况和遭遇为依据,而以德才学识为标准。

子贡问曰:"赐也何如?"子曰:"女,器也①。"曰:"何器也?"曰:"瑚琏也②。"

注释

①器:器物。
②瑚琏:古代祭祀时用的器皿,非常尊贵。

译文

子贡问孔子:"我端木赐如何呢?"孔子说:"你,是个有用的器具。"子贡说:"是个什么器具呢?"孔子说:"像宗庙里盛粮食的瑚琏。"

解析

本章是对子贡的一个概括评价,把他比作一件贵重的器具,虽是有用之才,但也不过仅有一种具体的才干,达不到最高标准的"君子不器"。子贡是很一个很有才干的人,政治活动能力很强,外交口才非凡,还善置产业,曾当过鲁、卫二国之相。子贡对鲁国是做了好事的,是孔子学生中的佼佼者,孔子主要是感到他对仁义礼乐及修身之道研究得还不够深切。

子使漆雕开仕①。对曰："吾斯之未能信②。"子说。

注释

①漆雕开：姓漆雕，名开，字子开，孔子学生。仕：出仕做官。
②这是"吾未能信斯"的倒装形式，用"之"来倒装，以强调"斯"；斯：代词，这。意思是说我不相信这。

译文

孔子让漆雕开去做官，漆雕开恭敬地说："我对做官还没有自信。"孔子听了很高兴。

解析

漆雕开是一位自甘寂寞、潜心于学问、专心于事业的人，不想走仕途经济的道路，更不想混迹于官场去追名逐利。即使老师推介他去从政，他还是表示缺乏自信。孔子为有这样一位不热衷于利禄的门下弟子而满心欢喜。可见孔子及其弟子并不都是官迷心窍的人，而是智存高远不欲小试的君子。

子谓子贡曰:"女与回也孰愈①?"对曰:"赐也何敢望回?回也闻一以知十,赐也闻一以知二。"子曰:"弗如也;吾与女弗如也②。"

注释

①女:通"汝"。你。愈:胜过。

②吾与女弗如也:一说此句中的"与"是赞同的意思,意思是孔子赞同子贡的说法。

译文

孔子对子贡说:"你与颜回相比,哪个强一些?"子贡恭敬地回答说:"我嘛,远不敢和颜回相比,颜回听到一件事就可以推测知道十件事,我听到一点就只知道两点。"孔子说:"是不如他呀,我赞同你的话,你是不如他。"

解析

颜回是孔子最得意的学生之一。他勤奋好学,而且肯独立思考,能做到闻一知十,推知全体,融会贯通。所以,孔子常常对他大加赞扬,而且希望他的其他弟子都能像颜回那样,刻苦学习,举一反三,由此及彼,在学业上尽可能地事半功倍。

整章明白易懂。从语言环境和语言递进情况来看,孔子的教育和他的为人,非常的谦虚,能够把握机会启发人,一点也不呆板。

子曰："吾未见刚者①。"或对曰："申枨②。"子曰："枨也欲，焉得刚？"

注释

①刚者：刚强不屈的人。
②申枨：孔子先生。枨，《史记·仲尼弟子列传》中有申党，古代的"党"和"枨"音相近，那么"申枨"就是"申党"。

译文

孔子说："我没有见过刚强不屈的人。"有人说："申枨就是这样的人。"孔子说："申枨私欲太多，怎么能够刚强不屈呢？"

解析

孔子一向认为，一个人的欲望多了，就会违背周礼。从这一章来看，人的欲望过多不但做不到义，而且也做不到刚。孔子提出"欲，焉得刚"，正是林则徐"有容乃大，无欲则刚"这一名联之下联的出处。

《左宗棠家书·与癸叟侄》："丈夫事业非刚莫济。所谓刚者，非气矜之谓、色厉之谓。任人所不能任，为人所不能为，忍人所不能忍。志向一定，并力赴之，无少夹杂，无稍游移，必有成就。"左宗棠的这种说法，正是此章最好的注脚。他认为气势汹汹、金刚怒目的人和夹杂私欲的人都不是刚者。

一味追求金钱、名望、地位、享受的人，都是自私自利的人，肯定不是刚正不阿的人。如果一心为大众谋福利，为大众的生存、温饱、发展而工作、而献身的人，才是生活中的刚者，人群中的翘楚，社会的栋梁！

子路有闻①,未之能行,唯恐有闻。

注释

①有闻:有声望。

译文

子路听到了一个道理,如果还未能实行,就怕再听到一个新道理。

解析

子路尽管那么粗暴,那么冲动,但子路的思想品德特别好。在学习上,总怕学到的东西过多,但行动跟不上。因此,他坚持学习不如少而精以及力所能及的原则。《老子·二十二章》:"少则得,多则惑。"

这也正好说明以少可以胜多的道理。《荀子·儒效》:"不闻不若闻之,闻之不若见之,见之不若知之,知之不若行之。"说明闻见是知的起点,行是知的指归。子路对行的重要性有清楚确定的认识。

子谓子产①,"有君子之道四焉:其行己也恭②,其事上③也敬④,其养民也惠,其使民也义。"

注释

①子产：公孙侨，字子产，郑穆公之孙，为春秋时郑国的贤相，在郑简公、定公时执政二十二年。他从容周旋于争战不息的晋楚两大强国间，让国家得到尊重和安全，是一位杰出的政治家、外交家。
②恭：谦恭。
③事上：侍奉国君。
④敬：谨慎。

译文

孔子评价子产说："他有四项君子的品德：他在自己的行为方面显得庄重，谦逊谨慎；他侍奉君主恭敬，他教养民众有恩惠，他使役民众讲道义。"

解析

子产是历史上有名的好宰相，好政治家，孔子非常佩服他，说他特别有四点君子之道，不是普通的常情、德业、修养等等可比。孔子讲的君子之道，就是为政之道。子产在郑简公、郑定公之时执政22年。

在这期间，于晋国当悼公、平公、昭公、顷公、定公五世，于楚国当共王、康王、郏敖、灵王、平王五世，正是两国争强、战乱不息的时候。郑国地处要冲，而周旋于这两大国之间，子产却可以不低声下气，也不妄自尊大，使国家得到尊敬和安全，的确是中国古代一位杰出的政治家和外交家。

孔子对子产的评价非常高，觉得治国安邦就应当具有子产的这四种道德。

季文子三思而后行①。子闻之,曰:"再②,斯可矣。"

注释

①季文子:鲁国大夫季孙行父。孔子说这句话的时候,文子已死很久了。

②再:两次。季文子太世故圆滑,故孔子这样说。

译文

季文子每办一件事情,要经过三次考虑后才去做。孔子听说后,说:"认真考虑两次就可以了。"

解析

我们要干一件事情之前先考虑一下,再认真考虑一下,就行了。如果第三次再考虑一下,很可能就犹豫不决,再也不会去干了。做事虽然要谨慎,但过分谨慎就会变成小器。

季文子三思而后行,孔子认为瞻前顾后过于周详,影响行动的及时性和果断性,具体对季文子类似的人,孔子认为凡事思考一两次也就成了。按说行成于思,思想是行动的指南针,深思熟虑后再付诸行动,应当是稳健可靠的做法。为什么提出"再,斯可矣"呢?

清代经学家宦懋庸《论语稽》:"(季文子)生平盖祸福利害之计太明,故其美恶两不相掩,皆三思之病。其思之至三者,特以世故太深,过为谨慎。"孔子的这番话,对我辈遇事过于谨慎、优柔寡断、缺乏百折不回的果敢精神的人有针砭作用。

子曰:"伯夷、叔齐不念旧恶①,怨是用希②。"

注释

①伯夷、叔齐:孤竹君的两个儿子,父亲死了,互相让位,都逃到了周文王那里。周武王起兵讨伐商纣,他们拦住车马劝阻。他们以食周粟为耻,饿死在首阳山。旧恶:旧仇。

②是用:因此。希:通"稀"。

译文

孔子说:"伯夷、叔齐不记旧仇,所以别人对他们的怨恨越来越少。"

解析

做人的基本原则,就是待人要宽容,尊重对方,不要总是责难别人轻微的过错,人不可能无过,不是原则问题无妨大而化之。不念旧恶是要有些胸襟的,只有有修养的人才可能做到。

如果可以不怀恨别人,宽恕了别人,那么和别人之间的仇怨就没有了,而坏人渐渐也会被他们所感化。其实人际间的矛盾往往因时因事而转移,总是想着过去的恩怨属于不智之举。

子曰："孰谓微生高直①？或乞醯焉②，乞诸其邻而与之。"

注释

①微生高：鲁国人，名高，孔子这里说的微生高。即《庄子》《战国策》中因守信被淹死的微生高。
②醯：醋。

译文

孔子说："谁说微生高直爽？有人向他借点醋，他自己没有，但不直说，却去向邻居借来转给人家。"

解析

拿中国传统的侠义思想或道家的思想来说，对于一个有困难、有急用而来借钱的朋友，正好自己也没有钱，于是转向别人借来，给这困难的朋友，这是义所当为的事。但孔子在这里却并不以为然，他觉得这不是直道的行为。

子曰："巧言，令色，足恭①，左丘明耻之，丘亦耻之。匿怨而友其人，左丘明耻之，丘亦耻之。"

注释

①足恭：足，旧读去声，zú。一说是两只脚做出恭敬逢迎姿态来讨好别人；另一说是过分恭敬。这里采用后说。

译文

孔子说："花言巧语，装出好看的脸色，摆出逢迎的姿势低三下四地过分恭敬，左丘明认为这种人可耻，我也认为可耻。把怨恨装在心里，表面上却装出友好的样子，左丘明认为这种人可耻，我也认为可耻。"

解析

孔子反感巧言令色的做法，这在《学而》篇中已经提及。他提倡人们正直、坦率、诚实，不要口是心非、表里不一。这符合孔子培养健康人格的基本要求。"匿怨而友其人"，明明对人有仇怨，可是不把仇怨表示出来，暗暗放在心里，还去和所怨恨的人故意周旋，像这样的人，他的行径就太不对，用心也太奸险了。

颜渊季路侍①。子曰："盍各言尔志。"

子路曰："愿车马衣裘与朋友共敝之而无憾。"

颜渊曰："愿无伐善，无施劳。"

子路曰："愿闻子之志。"

子曰："老者安之，朋友信之，少者怀之。"

注释

①侍：服侍。站在旁边陪着尊贵者叫侍。

译文

颜渊、子路两人侍立在孔子身边。孔子说："你们何不各自说说自己的志向？"子路说："愿意拿出自己的车马、衣服、皮袍，同我的朋友共同使用，用坏了也不抱怨。"颜渊说："我愿意不夸耀自己的长处，不表白自己的功劳。"子路向孔子说："愿意听听您的志向。"孔子说："（我的志向是）让年老的安心，让朋友们信任我，让年轻的子弟们得到关怀。"

解析

在这一章里，孔子及其弟子们自述志向，主要谈的还是个人道德修养及为人处世的态度。孔子重视培养仁的道德情操，从各方严格要求自己和学生。从本章里，可以看出，只有孔子的志向最接近于仁德。

子曰:"十室之邑①,必有忠信如丘者焉,不如丘之好学也。"

> **注释**

①十室之邑:只有十户人家的城邑,这里比喻人少。

> **译文**

孔子说:"就是在一个只有十户人家的小地方里,也一定有像我一样讲究忠信的人,如果他不及我,就在于他不像我这样喜爱学习罢了。"

> **解析**

孔子认为许多人是天才,只因为没有加上学识的培养,所以不能有所成就。就道德心理而言,问题也是一样。任何人都有道德的基本素质,但是因为没有学问,不知道把这种道德心理的基本素质培养出来。要使这种心理上善良的本质见之行为,就必须加上学问的陶冶。

第六篇 雍 也

子曰:"雍也可使南面①。"

注 释

①雍:人名,姓冉,名雍,字仲弓,孔子的学生。南面:古时以坐北朝南的位子为尊位,天子、诸侯、卿大夫等听政时都南面而坐,因此南面代指人君主位。使南面:这里是说能做卿大夫这一类的官。

译 文

孔子说:"冉雍呀,他可以去坐尊位做卿大夫了。"

解 析

孔子认为仲弓这位学生资质非同一般,能够担当一个地方或一个部门的首长,即独当一面的领导者。南面,指朝南的方位,古代以坐北向南最为尊贵,天子、诸侯、卿大夫等作为最高行政长官出现时,总是面南而坐。必须明确这一点,孔子的原意不是仲弓可以南面称孤,去当一国之主。

子华使于齐①，冉子为其母请粟②。

子曰："与之釜③。"

请益。曰："与之庾④。"

冉子与之粟五秉⑤。

子曰："赤之适齐也，乘肥马，衣轻裘⑥。吾闻之也，君子周急不继富⑦。"

注释

①子华：人名，姓公西，名赤，字子华，孔子的学生。使：出使。使于齐：一般认为公西赤这次是孔子派他到齐国去办事的。

②粟：小米。

③釜：古代量名，相当于当时的六斗四升，约合今天的一斗一升八合。

④庾：古代量名，相当于当时的二斗四升，约合今天的四升八合。

⑤秉：古代量名，相当于当时的十六斛（一百六十斗），约合今天的三石

二十升。

⑥衣:这里用作动词,穿。

⑦周:救济。急:穷困潦倒。继:接济。

译文

公西子华出使到齐国以后,冉子代他母亲向孔子要些小米。孔子说:"给她一釜。"冉子请求增加点。孔子说:"再给她一庾。"冉子竟给了她五秉。孔子说:"公西子华到齐国去,骑着肥马,穿着轻暖皮衣,非常阔气。我听人说,君子救济穷急的人,而不给富人增财。"

解析

孔子主张"君子周急不继富",这是从儒家仁爱的思想出发的。孔子的爱人学说,并不是只狭隘地爱自己的家人和朋友,而带有一定的普遍性。

孔子认为帮助别人,要在别人最急难最急需的时候去帮助。公西赤已经很富有,再给他那么多,不是成了锦上添花吗?这是不必要的。这正如俗语所讲"求人须求大丈夫,济人须济急时无"的道理。

原思为之宰①,与之粟九百②,辞。子曰:"毋!以与尔邻里乡党乎③!"

注释

①原思:孔子弟子原宪,字子思。孔子的学生,当时在孔子家当总管。之:用法和"其"相同,他的,指孔子而言。

②九百:即九百斗。

③邻里乡党:五家为邻,二十五家为里,五百家为党,一万二千五百家为乡。常指居住地的乡亲,此指原思家乡的人。

译 文

原思当孔子的管家,孔子给了他小米九百,原思辞谢不肯收。孔子说:"不要推辞! 就给你家乡的缺粮人吧!"

解 析

这一章是记载孔子出仕当政时,两个不同的态度。公西赤外放当大使,同学帮忙,要求多发一点安家费,孔子认为并不需要;而原宪经济状况较差,当他为孔子当总务的时候,孔子把他的待遇提到特别高。原宪却不要,孔子却反而劝他收下,不要推却,实在嫌多的话,让原思用来周济自己的乡亲。

说明孔子在辞受、取予之间绝不随便。周济和按禄付酬是两种性质的给予行为。另外周济的对象,除开亲朋外,还有乡友。

邻里乡党自古都有"出入相友,守望相助,贫困相周济,疾病相扶持"的义务,是中国社会历史形成的特殊人际关系,值得继承和发扬光大。从这里,我们看到孔子做之君、做之亲、作之师的风范。除了是长官的身分之外,还身兼父母、师长之责随时以生活中的事例来教育学生,这应该是后世儒家所效法其教化精神的重点之处。

伯牛有疾①,子问之,自牖执其手,曰:"亡之②,命矣夫! 斯人也而有斯疾也! 斯人也而有斯疾也!"

注 释

①伯牛:孔子学生冉耕,字伯牛,有德行。
②之:助词,无义。

译文

伯牛得了重病,不能见人,孔子去慰问他时,从窗口握着他的手说:"要永别了,真是天意啊!这么好的人竟得了这样的病!这么好的人竟得了这样的病!"

解析

本章孔子对重病的境况归之于命,也是一种无可奈何的实际遭遇,可见有些事是人力所无法挽回的。但这也并不能说明孔子是一位宿命论者,而是告诉世人当机遇未来时要看开一点。

作为一个修身自省的人来讲,不能以个人的顺与不顺,齐与不齐来要求别人,要由别人的情绪,机遇来反观自己,这样就会更加明白事理,提高修养。

冉求曰:"非不说子之道①,力不足也。"子曰:"力不足者②,中道而废。今女画③。"

注释

①说:通"悦",高兴。
②者:表停顿的语气词,有时兼表假设语气。
③女:通"汝",你的意思。画:通"划",划地自限,停止前进。

译文

冉求说:"我并不是不喜欢先生的学说,而是由于我的力量不够。"孔子说:"如果力量不够的话,是因为走到半路才走不动了,但现在你是划地为界,不走了。"

解析

可能冉求听到孔子一再称道颜回的安贫乐道精神之后，联系自己，便向老师倾诉自己力不从心的"苦衷"。孔子以竞走作比喻，说真正耐力不够的人，他会中途停顿下来，但你尚未举步就觉得不能坚持到终点，"非不能也，是不为也"。

关于为仁问题，孔子再三叮咛：有能一日用力于仁矣乎，我未见力不足者。我欲仁，斯仁至矣。为仁由己，而由人乎哉！

反复说明为仁不是能力问题，而是一个自觉性和因此带来的决心和毅力问题。

子游为武城宰①。子曰："女得人焉耳乎？"曰："有澹台灭明者②，行不由径③，非公事，未尝至于偃之室也④。"

注释

①武城：鲁国城邑，在今山东费县西南。
②澹台灭明：字子羽，孔子弟子，从子游答话语气来看，此时他还没向孔子受业。者：同现在的"的"。
③径：小路。
④偃：即孔子的学生子游。

译文

子游当武城县令时，孔子问他："你在那里得到什么人才了吗？"子游说："有个叫澹台灭明的人，走路不抄小道，不是为公事，他从来不到我屋里来。"

解析

孔子极为重视发现人才、使用人才。他问子游的这段话,反映出他对举贤才的重视。当时社会处于大动荡、大变革时期,各诸侯国都重视接纳人才,尤其是能够帮助他们治国安邦的有用之才,这是出于政治和国务活动的需要。

此文还有一个故事。传说澹台灭明状貌甚丑,孔子曾认为他才薄。而后,澹台灭明受业修行,名闻于世。所以孔子后来感叹说:"吾以貌取人,失之子羽。"以外形去判定一个人才,往往会有失误。孔子自己承认错了。错了就错了,孔子非常勇于认错。

子曰:"质胜文则野①,文胜质则史②。文质彬彬③,然后君子。"

注释

①野:指粗野。
②文:文采。质:质朴。史:史官。
③彬彬:形容不同种类的物质搀杂搭配适当,后多来指人文雅有礼貌。

译文

孔子说:"朴实胜过文采,就会显得粗野;文采胜过朴实,就会显得浮华虚夸。必须朴实和文采相均衡,然后才是一个君子。"

解析

这段话言简意赅,确切地说明了文与质的正确关系和君子的人格模式,高度概括了孔子的文质思想。文与质是对立的统一,互相依存、不可分开。"质"是朴素的本质;"文"是人类自己加上去的许多经验、见解,累积起来的这些人文文化。可主要的还是人的本质。

原始的人与文明的人,在本质上没有区别。饿了就要吃饭,冷了就要穿衣,不但人类本质如此,万物的本质都是一样。饮食男女,人兽并无区别。但本质必须加上文化的修养,才能离开野蛮的时代,走进文明社会的轨道。质朴与文采是同样重要的。

孔子的文质思想经过两千多年的实践,不断得到丰富和发展,极大地影响了人们的思想和行为,产生了深远的影响。

子曰:"知者乐水,仁者乐山。知者动,仁者静。知者乐,仁者寿。"

译文

孔子说:"聪明的人爱水,有仁德的人爱山。聪明的人好活动,有仁德的人好静。聪明的人心情快乐,有仁德的人健康长寿。"

解析

孔子对有仁德的人和聪明的人两种不同类型的人所做的分析,言简意明,颇具对比感。

从审美情趣而言,聪明的人爱水,喜爱行云流水,悠然自得;有仁德的人爱山,喜爱崇山峻岭,伟大宁静。

从心理活动而言,聪明的人外向,爱好热烈的生活;有仁德的人内向,爱好宁静的生活。从生活情趣而言,聪明的人生活乐观进取,积极向上;有仁德的人安谧静穆,健康长寿。

总之,聪明的人达于事理,有仁德的人安于义理。仁者见仁,智者见智,五分轩轾,生活视角不同而已。要健康长寿,必须深入到大自然中去;要静如处女,动如脱兔;厚积德,多动脑;这是养生之道,也是入德之门。

子曰:"齐一变,至于鲁;鲁一变,至于道。"

译 文

孔子说:"齐国一经变革,可以达到鲁国这个样子;鲁国一经变革,就可以达到先王之道了。"

解 析

这一章里,孔子提出了道的范畴。此处所讲的道是治国安邦的最高原则。在春秋时期,齐国的封建经济发展较早,而且实行了一些改革,成为当时最富强的诸侯国家。与齐国相比较,鲁国封建经济的发展比较缓慢,但意识形态和上层建筑保存得比较完备,所以孔子说,齐国改变就达到了鲁国的样子,而鲁国再一改变,就达到了先王之道。这说明了孔子对周礼的无限眷恋之情。

第七篇　述　而

子曰："默而识之①，学而不厌②，诲人不倦，何有于我③哉？"

注释

①识：朱熹《集注》："识，记也。默识，谓不言而存诸心也。一说，识，知也，不言而心解也。"
②厌：满足。
③何有于我：朱熹《集注》："何有于我，言何者能有于我也。"

译文

孔子说："把学到的知识默记在心里，勤求学问而不知满足，教导别人而不知倦怠，对我来说，这些事又做到了哪一点呢？"

解析

"何有于我哉"，朱熹《集注》注曰："言何者能有于我也。三者已非圣人之极致，而犹不敢当，则谦而又谦之辞也。"可见孔子是何等的谦虚，这一章孔子话，表面上看是很容易的，但做起来就非常难。

后世为人师表者，能将这几句话作成格言，在心生厌倦的时候，想起孔子这几句话，就要马上自己改正过来。一个人一定要抱着虚怀若谷的胸襟，只有谦虚才能容纳真正的学问和真理。

子曰："德之不修，学之不讲，闻义不能徙①，不善不能改，是吾忧也。"

注释

①徙：改变。

译文

孔子说："品德不修养，学问不研究，听到合宜的道理不竭力去做，自己的缺点不勇于改正，这些都是我最忧虑的。"

解析

孔子说了他担忧的四点："德之不修，学之不讲，闻义不能徙，不善不能改。"修德、讲学，是孔子最注重的大事，学以不成功为忧，故而"发愤忘食"。德以不修立为忧，故曰："吾未见好德如好色者也。"由此可见圣人所担忧的并不是生活上的物质享受，而是以不成学和不成德为忧。可见其自勉、勉人的深意。

这些担忧也是每一个人和任何一个历史时代的通病，尤其碰到衰乱的世局，任何一个国家社会，都可能有这四种现象出现，由此可见孔子的心情。所以说孔子是涉世——救世主义者。

子之燕居①，申申②如也，夭夭③如也。

注释

①燕居：闲居的时候。
②申申：舒展齐整。
③夭夭：轻松舒畅。

译文

孔子日常闲居的时候，看上去一副舒展齐整、轻松舒畅的样子。

解析

孔子尽管忧国忧民，但他还是可以保持爽朗的胸襟，活泼的心情，可以自己挺拔于尘俗之中，是多么的可爱。但他乐的是人生的平淡，知足无忧，愁的不是为自己，而是为天下苍生。李泽厚《论语今读》："(孔子)并非整天'作古振今'，老是一副紧张面孔和'圣人气象'……中国人之乐天知命，俯仰无愧，申申夭夭，倒是值得肯定的生活境界。"

子曰:"甚矣吾衰也!久矣吾不复梦见周公①!"

注释

①周公:周文王的儿子、周武王的弟弟,名旦。相传他在辅佐武王灭商后,曾制礼作乐,为周王朝确定了一套礼典制。他是鲁国的始封国君,也是孔子心目中所钦佩的圣人之一。

译文

孔子说:"我衰老得厉害呀!好长时间了,我都没有再梦到周公了!"

解析

孔子的"为政以德"的德治思想,源于周公的"明德慎罚"的治国原则。孔子盛赞周公的文治武功,尤其是周公能够光大发扬夏商文明中的诗歌礼乐文化。孔子不但仰慕周公的为人,而且向往能够践履躬行周公之道。孟子一再讲"周公仲尼之道",说明孔子对周公的思想有传承关系。

孔子一生都在追求一个太平世界,所以常常想到周室太平的时候,因此常常梦见周公。他之所以发出本章中这样的感叹之词,意思是说现在的时代,乱成这个样子,我已年老力衰实在无法再挑起这副担子。当然这只是孔子的感慨而已,结果担子还是挑下来了。从这里也可以看出,孔子到老的时候,最关心的还是天下太平。

子曰:"不愤不启①,不悱不发②。举一隅③不以三隅反,则不复也。"

注释

①愤:形容思考问题时有疑问想不通的样子。
②悱:口里想说但表达不出来。这两句的意思是,受教者必先发生困难,有求知的动机,然后去启发他,长进才快些。发:启发。
③隅:角落。

译文

孔子说:"传授知识给学生,不到他苦思冥想还领会不了的时候,不去开导他;不到他想说但又说不出来的时候,不去启发他。告诉他方形的一个角,他如果不能由此推知另外三个角,就不要再重复去教他了。"

解析

这是孔子有名的启发式的教学方法。孔子不喜欢灌注式的教学方法,那是把学习者看成消极的接受者;一定要调动学习者的主观能动性。

强调施教者要循循善诱,学习者要积极思考。启发式的教育原则,乃是在学习者有了迫切的求知愿望时,也就是当他急于要做而做不成功、急于要说而说不清楚的时刻,才给予开导和启示,使之主动进行深入思考和反复实践。朱熹《集注》:"启,谓开其意;发,谓达其辞。"希望学习者做到举一反三,触类旁通,甚至闻一知十,告诸往而知来者。

《礼记·学记》:"君子之教,喻也;导而弗牵,强而弗抑,开而弗达。"(君子施教,贵在使学习者晓谕;引导不要强制,激励不要压抑,开导不要包办。)这同样是启发式教育的原则阐述。

子之所慎：齐①、战、疾。

> **注 释**

①齐：通"斋"。古代会堂祀前，一定要先做一番身心的整洁事情，如不饮酒，不吃荤等，以示虔诚，这一过程称斋或斋戒。

> **译 文**

孔子谨慎对待的三件事是：斋戒、军事、疾病。

> **解 析**

孔子非常注重斋戒、军事和疾病的问题，因为这些都直接关系着国家民族的安危和人民群众的生死。从而表明了他日常生活的态度。

冉有曰："夫子为卫君乎①？"子贡曰："诺②，吾将问之。"

入，曰："伯夷、叔齐何人也？"

曰："古之贤人也。"曰："怨乎？"曰："求仁而得仁，又何怨？"

出，曰："夫子不为也。"

注释

①为：这里作动词，帮助。卫君：指卫出公辄，辄是卫灵公之孙，太子蒯聩之子。蒯聩得罪灵公夫人南子，逃到晋国。灵公死，立辄为君。晋国又把蒯聩送回，借机侵卫。卫抵抗晋，也拒绝了蒯聩回国。蒯聩与辄父子相残，与互相推让君位的伯夷、叔齐比较，有天壤之别。

②诺：回答的声音。

译文

冉有问道："老师要帮助卫君吗？"子贡说："嗯，我要去问问他。"子贡进屋问道："伯夷、叔齐是怎么样的人呢？"孔子说："是古代的贤人。"子贡说："他们有怨恨吗？"孔子说："他们求仁德就得到了仁德，又怨恨什么呢？"子贡出来后说："老师不会帮助卫君的。"

解析

这一章可能发生在公元前493年，孔子59岁时。当时孔子一行正好滞留在卫国，卫灵公去世，卫国发生了蒯聩、蒯辄父子争夺君位事件。政治嗅觉比较灵敏的冉有向子贡打听，孔子是否帮助蒯辄化解这场政治危机，子贡答应去探问一番。

子贡不是单刀直入地问，而是采用旁敲侧击的手法去试探夫子的心意。蒯氏父子君位之争与伯夷、叔齐让国之举形成鲜明的对比。要是孔子对夷齐让国态度暧昧，子贡便可推测夫子的政治立场有变通余地。而夫子认为伯夷叔齐双双逃到姬周地域内,成就了孝行和悌道,是"求仁而得仁"的行为。子贡不等夫子说下去便猜到夫子的政治意向——夫子不会出面帮蒯辄的忙。

本章用53个字记叙这场对话,删繁就简,惜墨如金,这种行文笔法,值得继承和学习。

子曰:"饭疏食①、饮水,曲肱而枕之②,乐亦在其中矣,不义而富且贵,于我如浮云。"

注释

①饭:这里作动词,吃。疏食:粗糙的饭食。
②曲:弯曲。肱:胳膊。

译文

孔子说:"吃粗糙的饮食、喝白开水,手臂一弯当枕头,这样的生活虽然清苦,但是乐趣也就在其中了。要是因不合道义而得到的富贵,这种富贵就像天上的浮云一样不是我所向往的。"

解析

这是孔子最有名的话,而且在文学境界上,写得最美。生活中任何事都要顺其自然,一切不可勉强;俗话说"强扭的瓜不甜",强求而得到的东西往往很别扭。人生的真正快乐在于求得精神上的愉快,正如本章中孔子说的话。并不是美酒佳肴才有真味,只要心情愉快,粗茶淡饭中便能够体会人生真趣。用不正当的手段得来的荣华富贵,对他来说,只是天际的浮云一片,没有多少实际意义。第一句话是孔子的生活境界,第二句话是孔子的生活信念,两者都闪耀着理性和品格的光辉。

子曰:"三人①行,必有我师焉:择其善者而从之,其不善者而改之。"

注释

①三人:这里的"三人"不一定是实数。

译文

孔子说:"如果三个人走在一起,其中必定有一个人可做我老师。我选择他们的优点学习它,看出他们身上的缺点,来检查自己并改正自己。"

解析

三个人在一起同行,其中必定有一个人可以做我老师的。其实孔子这句话,还是打了折扣,应该说每个人都是自己的老师。比我好的当然是我的老师,不如自己的也是我的老师。

因为看到他笨、他坏,自己就会反省:不要这样笨,不要这样坏。因此他们都是我的老师,足以借镜反省。何况每个人有缺点也有优点,每个人看问题都有片面性,有的东西以为是对的,却偏偏是错;有的事觉得别人错了,实际上是因为自己认识上的不足而是自己错。

孔子这句话同时说明了研究学问,不能只在死的书本上下工夫,还要在社会上观察:别人对的要学习,不对的要自我反省。

第八篇　泰　伯

子曰:"恭而无礼则劳①,慎而无礼则葸②,勇而无礼则乱,直而无礼则绞③。君子笃于亲④,则民兴于仁;故旧不遗,则民不偷。"

注释

①无礼:朱熹《集注》:"无礼,则无节文。"
②葸:胆怯。
③绞:尖刻。也有的说指急切。
④笃:厚道。

译文

孔子说:"注重态度的恭敬庄重但不懂得礼,就难免劳倦;只知道谨慎小心的处事,却不知道礼,就显得懦弱;只靠勇敢有胆量,但不知道礼,就容易闯祸;心直口快但不懂得礼教,就尖酸刻薄。在上位的人对待亲族宽厚仁慈,老百姓就会走向仁德;在上位的人不遗弃他的老同事、老朋友,老百姓就不会对人冷漠无情。"

解析

本章记述了孔子对纷繁的社会人生现象的一种归纳。孔子认为恭敬但没有礼节的人，身心劳碌，力屈神疲；谨小慎微但没有礼节的人，往往思前思后，畏葸不前；好勇斗狠但没有礼节的人，往往胡来捣乱；直来直去但没有礼节的人，通常尖嘴利舌，刻薄寡恩。

社会上总要有一种榜样的力量，孔子心目中仁人君子就是这样。他们对待亲人一片真情，在他们的带动下，社会上就会形成一种仁民爱物的风气；君子之交不遗弃故交老人，民风民俗自然日趋淳厚，不致因循苟且、粉饰虚张。

孔子觉得转变社会风气总是要靠一帮人去躬行实践，靠一般号召总是不能根本奏效的。不过这是二千五百年前孔子的认识，现在我们清楚地知道要使社会健康发展，一方面要把经济搞上去，衣食足而礼义兴；另一方面要依靠人民群众形成一种主体力量和国家采取综合治理的对策。

曾子有疾，召门弟子曰："启①予足！启予手！《诗》云：'战战兢兢，如临深渊，如履薄冰。'②而今而后，吾知免夫！小子！"

注释

①启：细看。
②战战兢兢，如临深渊，如履薄冰。这三句诗见《诗经·小雅·小旻》，意思是做人要小心谨慎才可以避免灾祸。履：踩在上面走过。

译文

曾参病了，于是把学生们召集起来说："把被子打开看着我的脚！看着我的手！《诗经》上说：'小心谨慎呀，如同面临深渊，如同践履薄冰。'从今以后，我才知道自己可以免于祸害刑戮了！弟子们！"

解析

本章曾子借用《诗经》里的三句，来表明自己一生谨慎小心，避免损伤身体，能够对父母尽孝。据《孝经》记载，孔子曾对曾参说过："身体发肤，受之父母，不敢毁伤，孝之始也。"换而言之，一个孝子，应该极其爱护父母给予自己的身体，包括头发和皮肤都不能有所损伤，孝的开始就要这样。曾子在临死前要他的学生们看看自己的手脚，以表白自己的身体完整无损，一生都在遵守孝道的。可以看出，孝在儒家的道德规范当中是多么重要。

曾子有疾,孟敬子问之①。曾子言曰:"鸟之将死,其鸣也哀;人之将死,其言也善。君子所贵乎道者三:动容貌,斯远暴慢矣②;正颜色,斯近信矣;出辞气,斯远鄙倍矣③。笾豆之事④,则有司存。"

注释

①孟敬子:鲁国大夫仲孙捷。问:探问。
②暴慢:暴,粗暴无礼。慢,怠慢。
③近:靠近,作动词。远:避免,这里作动词。鄙倍:鄙,鄙陋。倍:同"背""悖",不合理,错误。
④笾、豆:都是祭器,这里代表礼仪的具体细节。笾豆之事:此指祭祀礼仪中的一切具体细节事情。

译文

曾参病了,孟敬子去探问他。曾子说:"鸟要死了,它的鸣声悲哀;人要死了,他说的话就很友善。君子所看重的礼仪有三点是最可贵的:严肃礼仪容貌,就能避免别人的粗暴和怠慢;端正仪态神色,就容易令人信服;说话的时候,注意言辞和声调,就可以避免粗野和错误。陈设礼器之类的事,自有主管人员。"

解 析

曾子与孟敬子在政治立场上是对立的。曾子在临死以前,他还在试图改变孟敬子的态度,所以他说:"人之将死,其言也善。"这不但表白他自己对孟敬子没有恶意,而且也告诉孟敬子,作为君子应当重视的三个方面。看来孟敬子的领导威信不高,也许是一位忙忙碌碌的事务主义者。

曾子的话绝不是无的放矢,更不是泛泛而谈。就现在来看这些道理,还是非常有意义的。对于个人的道德修养与和谐的人际关系有重要的借鉴价值。

曾子曰:"可以托六尺之孤①,可以寄百里之命②,临大节而不可夺也——君子人与?君子人也。"

注 释

①六尺之孤:通常指十五岁以下的人。古代尺短,六尺,约合今一百三十八公分。孤,没有父亲或父亲死去的小孩子。这里指未成年而接位

的年幼君主。

②百里：根据周制此指诸侯国。命：国家的政令，有的说指命运。

译文

曾子说："能够把幼小的孤儿和国家的命脉都托付给他，面临安危存亡的紧要关头，也动摇不了他的理想、节操——这种人，是君子吗？能够称得上是君子啊！"

解析

本章所描写的人是曾子心目中的忠臣形象。他可以接受国君的临终委托，辅助幼主；也能够把国家的命运寄托在他的身上，不致国亡家破，即使面临危急存亡关头，也不会变心和屈服。

受人之托，成人之事，赴汤蹈火，在所不辞！曾子用自问自答的口气，认定这种人才是地地道道、不折不扣的君子。

曾子曰："士不可以不弘毅①，任重而道远。仁以为己任②，不亦重乎？死而后已，不亦远乎？"

注释

①弘：宽广。毅：坚强。弘毅，朱熹《集注》："弘，宽广也；毅，强忍也。"一说：弘相当于现在的强，弘毅就是强毅。

②仁以为己任：即"以仁为己任"。

译文

曾子说："读书人应当心胸宽广、意志坚强，因为他要跋涉遥远的路途，而且肩负着沉重的使命。把实现天下的仁德作为自己肩上的责任，不是很沉重吗？一直到死才停止，难道说不遥远吗？"

解析

人生的路途是很遥远的。要挑起这样重的担子、走这样远的路，就一定要养成伟大的胸襟、恢宏的气魄和真正的决心、果敢的决断、深远的眼光，以及正确的见解等形成的"弘""毅"两个条件。

子曰："好勇疾贫①，乱也。人而不仁，疾之已甚，乱也。"

注释

①疾：厌恶。

译文

孔子说："崇尚勇敢却讨厌贫困，这种人是一种祸害。对于不仁的人，痛恨太甚，这样也会使他成为祸害。"

解析

本章记述孔子分析社会上不安定的两种因素：一种人好勇斗狠但怨恨自己的贫困处境，这样人可能要捣乱的；另一种人不讲仁德，大家对他由歧视到鄙视，甚至到敌视，这种人会破罐破摔、成为社会败类的。

前一种人是主动变坏的，最后可能自绝于人；后一种人是由于矛盾激化，让他丧失做人的信心，最后铤而走险。当政者必须体察下情，重视矛盾的钝化和转化工作，化消极因素为积极因素，化戾气为祥和，将隐患消除在萌芽状态，使人与人之间可以相互信任、相互谅解,确保社会安定无虞。

子曰:"如有周公之才之美,使骄且吝①,其余不足②观也已。"

注释

①使:假如。吝:小气。②足:值得。

译文

孔子说:"即使有人能够具备周公那样美好的才能,只要骄傲而且小气,那么他的其他方面也就不值得一看了。"

解析

一个人有了才能并且很努力,还要修养弘毅的胸襟,深厚的美德,要不骄不吝。不骄傲就是谦虚,不悭吝就是同情、包容和气魄。

孔子要求学生是德才兼备,而且道德品质是第一位的;光有才能智慧但道德品质低下,这种人就没有多大分量。孔子把某一个人的才能之完美,有意放大,比之于周公,但如果他恃才傲物,为人鄙吝刻薄,这种人品位不高,其他方面也就不值得一看了。

事实上周公不仅才华横溢,而且虚怀若谷,极富同情心。相传周公"一沐三握发,一饭三吐哺",也就是说,周公洗头发时、吃饭时,曾经多次中间停顿下来,甚至把吃在嘴里的食物吐出来,马上接待来的人,处理急事,唯恐有失天下之士。曹操《短歌行》:"周公吐哺,天下归心。"孔子用周公之俊才茂德来教育学生,意义是非常深远的。

子曰："三年学，不至于谷①，不易得也。"

注释

①至：指意念之所至。谷：古代以谷米为俸禄，所以"谷"有"禄"的意义。不至于谷，朱熹《集注》："谷，禄也。"至，疑当作"志"。

译文

孔子说："求学多年，不去想到谋取官职，是很不容易做到的。"

解析

求学多年，很难得不存在去做官的念头。"不至于谷"即不想到做官。这个"至"字的意义是领会这一章的一个关键。不吃透它，就对这一章不能索解。古代用小米作为官员的俸禄（相当今日的工资报酬），谷是俸禄的同义语。

孔子觉得有的学生多年沉浸在"学而时习之"的氛围当中，人生的快乐就是读书。能耐得住此中的寂寞，不为风光名利而分心外骛，一般人是不容易做到的。

子曰："师挚之始①，《关雎》之乱②，洋洋乎盈耳哉！"

【注释】

①师挚：鲁国的乐师，名挚。始：乐曲的开端，一般由太师演奏。
②乱：乐曲的结束，就像现在的合唱。合唱时，奏《关雎》乐章，所以说"《关雎》之乱"。

【译文】

孔子说："从太师挚开始演奏，到结尾演奏《关雎》的曲调时，乐声美妙动听，充满了我的耳朵啊！"

【解析】

本章记述孔子参加鲁国乐官之长太师挚领衔演出的一次音乐会的盛况和感受。从太师主演的序曲起，一直到《关雎》乐章作为合乐结尾，整个演出悠扬动听、赏心悦目，是一次极不寻常的艺术享受。孔子具有高度的音乐修养和鉴赏能力。

子曰："学如不及，犹恐失之。"

译 文

孔子说:"做学问好像追逐什么似的,总是怕赶不上;要是赶上了,学到知识又生怕弄丢了。"

解 析

孔子剖析自己的学习心态:"学习就像在赶路,生怕不赶趟,又害怕有所丢失。"李泽厚《论语今读》:"既急求新知,又恐失旧识。"

孔子一直抱着"学而时习之"的积极态度,为学求益,日就月将。他的学习热忱始终不减,心情十分急迫。孔子逝世一百多年后,屈原在《离骚》一文中作了类似的形象表述:"望崦嵫(山名,传说中的日落处)而勿迫……恐鹈鴂(音提决,杜鹃鸟)之先鸣。"意思说:"太阳呀,你不要急于落山啊;杜鹃鸟呵,你不要叫的太早了!"那叹息一天不要太快过去。

子曰:"巍巍乎①,舜、禹之有天下也②,而不与焉③!"

注 释

①巍巍:崇高的样子。
②禹:传说中上古时代的圣君,因治水有功而被舜选为接班人。
③与:指夺取。

译 文

孔子说:"崇高啊!舜和禹身为天子,拥有天下,但一点也不谋私利。"

解析

在孔子的观念中,尧舜禹三代,统治天下,贵为皇帝,"而不与焉"。心里没有认为当皇帝可贵,而看得很平淡,真正做到只是服务,并不觉得权势可贵,因此认为这是真正的伟大,真正的崇高。

子曰:"大哉尧之为君也!巍巍乎①!惟天为大,惟尧则之②。荡荡乎,民无能名焉③。巍巍乎,其有成功也,焕乎其有文章④!"

注释

①巍巍:高大的样子。
②则:效法。
③无能名:无法形容。
④焕:朱熹《集注》:"焕,光明之貌。"

译文

孔子说:"尧身为一个君主,真伟大啊!真高大得很啊!只有天最高最大,只有尧能学习天。他的恩德多么广博啊,老百姓都不知道如何来形容他才好!他的功绩实在太崇高了,他的礼仪典制也真够美好了!"

解析

孔子说尧最大的成就,最伟大的光辉,是替中华民族开启了文化的传统。本章是孔子评论上古历史哲学的观念,孔子非常推崇这三代。

舜有臣五人而天下治①。武王曰②："予有乱臣十人③。"孔子曰："才难，不其然乎？唐虞之际④，于斯为盛。有妇人焉，九人而已。三分天下有其二⑤，以服事殷。周之德，其可谓至德也已矣。"

注释

①臣五人：指辅佐舜治理天下的禹、稷（周族的祖先）、契（商族的祖先）、皋陶、伯益。

②武王：周武王，名发。这里所引的一段话亦见于《书·泰誓》篇。

③乱臣十人：周公旦、召、公奭、太公望、毕公、太颠、闳夭、散宜生、南宫适、邑姜。乱，治理。

④唐虞：唐指陶唐氏，尧出于该族；虞指有虞氏，舜出于该族。

⑤三分天下有其二：相传上古时代天下分九州，周在灭商前已得到其中六州诸侯的拥护。

译文

舜有五位贤臣，天下便太平。武王也说："我有十位能治理天下的臣子。"孔子因此说："人才难得，不是这样吗？唐尧和虞舜之间直到武王时代，人才最为兴盛。武王的能臣中还有一位妇女，除开她，实际上只有九位能臣罢了。周文王得了天下的三分之二，仍然向商纣称臣。周朝的道德，可以称得上达到最高境界了！"

> 解 析

中华文化中的这些精神都在文王、武王时代确立了牢固的基础。是孔子所弘扬的儒家思想。本章孔子主要在讲"才难",即"人才难得"。南怀瑾先生评说得好,"领导难当,干部难得。"舜有得力干部五人,而天下大治。周武王连他的母亲太姒在内,也只有治臣十人,孔子抛却太姒不计,男的才九人。自尧舜禹汤而下,一直到周武王,千百年来,此时是人才鼎盛时期。周文王到周武王的前期,天下九州,有六州的诸侯直接听周文王、周武王的指使,仍"合九州之侯,奉勤于商"(《逸周书·程典篇》)。这种维护国家统一的政治智慧和顾全大局的精神,可以说崇高无比的了。

第九篇　颜　渊①

颜渊问仁。子曰："克己复礼为仁②。一日克己复礼，天下归仁焉③。为仁由己，而由人乎哉？"

颜渊曰："请问其目。"子曰："非礼勿视，非礼勿听，非礼勿言，非礼勿动。"

颜渊曰："回虽不敏，请事斯语矣"

【注释】

①第九篇　颜渊：在《论语》全文本中此篇应为第十二篇。本书因为是导读丛书，篇目上有所删减。特此说明。
②克己复礼：约束自己，使言语行动都符合礼。克，抑制。复，践行。
③归仁：称仁。

【译文】

颜渊问什么是仁德。孔子道："抑制自己，使言语行动都符合到传统的礼所允许的范围,就是仁。一旦能约束自身使言行合乎礼,天下的人都会称许你是仁人。实践仁德,全在于自己,难道还靠别人不成?"

颜渊道:"请问行动的具体准则。"孔子道:"不合礼的事不看,不合礼的话语不听,不合礼的话语不说,不合礼的事情不做。"

颜渊道:"即使我不聪明,也要照老师的这番话切实去做了。"

解析

这一章又是《论语》中最重要的篇章之一。克己复礼为仁,这是孔子关于什么是仁的主要解释。仁是孔子的人生哲学的基础,也是孔子伦理教育思想的根本。在这一章中,孔子以礼来规定仁,依礼而行就是仁的根本要求。

对每一个人来说,仁是一种主观道德情操和内在的精神力量。

对一个社会来说,礼的原义是对个人的等级名分的规定和贵贱亲疏的一种区别;时至今日,礼的意义可引申为人与人之间尊卑长幼的一种秩序和待人接物的规范和规定。所以,礼以仁为基础,以仁来维护。仁是内在的主体,礼是外在的功用,二者紧密结合。

《左传·昭公十二年》:"仲尼曰:'古也有志,克己复礼,仁也。'"说明"克己复礼为仁"这一提法是孔子继承前人的论述而有所引伸和演绎,正好表明孔子对待人生所采取的一种积极进取的态度。自觉做到"克己复礼",在仁民爱物和礼乐文化的氛围中和睦相处,这是"大同世界"的精神支柱。

实行仁德的具体要求,孔子认为要使自己的视听言动有所约束、有所检点,要用礼仪礼节来规范自己的言行和举止。人之所以为人,乃是自觉保有一种理性的克制力,在是非得失的关口上,不要让自己思想感情的堤防决口。对己多一份自律,对人就多一份光辉!通过人们的道德修养自觉地遵守礼的规定就是克己复礼。这是孔子思想的核心内容,贯穿于《论语》一书的始终。

仲弓问仁。子曰:"出门如见大宾,使民如承大祭。己所不欲,勿施于人。在邦无怨①,在家无怨②。"

仲弓曰:"雍虽不敏,请事斯语矣。"

注释

①邦:诸侯统治的国家。
②家:卿大夫管辖的封地。

译文

仲弓问什么是仁。孔子说:"平时出门好像去见贵宾一样庄重,役使百姓要像去承担大祀典一般严肃,自己所不喜欢的事物,就不要强加于别人。在诸侯国中没有人对自己怨恨,在卿大夫的封地没有人对自己怨恨。"

仲弓说:"我虽然不聪明,也要按先生这番话切实去做。"

解析

本章是对"仁"的另一种具体回答,都是有关具体实践行为。《论语》中学生问仁甚多,可见"仁"是孔子教学的重点。其所答都不相同,大都涉及实在。仲弓出身贫寒,深得孔子器重,曾任季氏宰,以德行著称。孔子答仲弓问仁与答颜渊问仁的内容不同。对颜渊强调仁的内在修养,对仲弓强调仁的外用工夫。

孔子对仲弓谈到了仁的两个内容:一是要他事君使民都要严肃

认真；二是要宽以待人,己所不欲,勿施于人。只要做到了这两点,就会向仁德迈进一大步。己所不欲,勿施于人,这句话也成了后世遵奉的信条。

哀公问于有若①曰："年饥,用不足,如之何？"

有若对曰："盍彻乎②？"

曰："二,吾犹不足,如之何其彻也？"

对曰："百姓足,君孰与不足？百姓不足,君孰与足？"

注释

①有若:姓有,名若,孔子的学生。
②盍:为什么。彻:税田十取一的周朝田税制度。

译文

鲁哀公向有若问道:"如果遇到年成不好,国家开销不够,如何做？"
有若答道:"何不实行十分抽一的税率呢？"
哀公道:"十分抽二都快不够,怎么能十分抽一呢？"
有若答道:"假如百姓的用度都够了,您怎么会不够？如果百姓的用度不够,您又怎么会够？"

解析

这一章言简意明,不仅仅是一个财政经济问题,更加重要的是个政治理念问题。儒家认为应当"藏富于民",百姓衣食足,是国家富庶、政权稳定的前提。《孟子·梁惠王上》:"仰足以事父母,俯足以畜妻子,乐岁终身饱,凶年免于死亡",是"王道之始也"。

儒家的"轻徭薄赋"思想(强迫从事无偿劳动的工日少、赋税低)为历代开明的统治阶级所采用,缓解他们与民众的矛盾,促进了中国封建经济的繁荣,有一定的历史和现实意义。

子张问崇德辨惑①。子曰:"主忠信,徙义,崇德也。爱之欲其生,恶之欲其死。既欲其生,又欲其死,是惑也。'诚不以富,亦祇以异②。'"

注释

①崇德:提高道德。辨惑:辨别是非。

②诚不以富,亦祇以异:见《诗经·小雅·我行其野》。用在这里,很可能是错简所致。祇,仅仅。

译文

子张向孔子询问如何提高道德,辨别是非。孔子说:"以忠诚信实为主,追随和服从于义,这样就可以提高道德了。喜欢某个人,希望他长寿,厌恶起来,恨不得他马上死去。既希望他长寿不死,又恨不得他短命快死。这便是疑惑。这样,对自己实在无所裨益,仅仅是使人奇怪罢了"。

解析

这一章里,孔子谈的主要是个人的道德修养问题。怎样认识主观思想上的一时迷惑。孔子觉得要具体提高自身的道德修养水平,要以忠信为主课。忠是指待人真诚,对工作尽职尽责,尽心尽力。

信是指为人诚实无欺,言行一致,要做到"谨而信""敬事而信"。但忠信要以义为原则。不合义的"忠"是愚忠,不合义的"信"是小人之信。感情用事,就会陷入迷惑之中。

子曰:"听讼①,吾犹人也,必也使无讼乎!"

注释

①讼:诉讼。

译文

孔子说:"审理诉讼,我跟别人差不多。必然是使诉讼的案件完全没有才好。"

解析

孔子在鲁定公时代担任过司寇职务,有听讼断狱的经历。他在这里是告诉他的学生们,他当年审理诉讼时,跟其他执法人员一样,能够采取客观公正的立场,虚心听取原告和被告双方的陈述,核实和澄清事实,使案件清楚,而后作出公正的判决;对刑事案件,要使被告人认罪服罪。最后的目的,要使民事和刑事案件逐渐减少,甚至不发生才好。要使人民之间的纷争化解在萌芽状态,要用礼让和教化来消弭诉讼事件的发生。孔子站在社会伦理学家的立场上看待违法和犯罪的根源,心态是平实的、冷静的,也是高瞻远瞩的。

子张问政。子曰:"居之无倦,行之以忠。"

译文

子张问关于从政的道理。孔子说:"在官位上要勤政不懈,执行政令要忠心不二。"

解析

这一章谈的是如何从政为官的问题。指出各级统治者身居官位,就要勤政爱民,以仁德的规定要求自己,以礼的原则治理国家和百姓,执行君主的命令要切实努力,这样才能做一个好官。

季康子问政于孔子。孔子对曰:

"政者，正也。子帅以正，孰敢不正？"

译文

季康子向孔子询问政务方面的事情。孔子回答说："政字的意思就是端正。你用端正来作表率，谁敢不端正呢？"

解析

孔子68岁那年，访问列国达14年之久后，毅然回到父母之邦鲁国。鲁国正卿季康子请教孔子如何治理国政。孔子从"政"字的含义和"春秋责备贤者"精神，把矛盾的主要方面归之于当政者季康子身上。

首先提出为政的基本思想"政者，正也"。显然有批评季康子自己不正的意思，政治上把持鲁国的政权，经济上"富于周公"。要求季康子正人先正己，要想手下的大臣和平民百姓都归于正道，只要先身居官职的人能够正己才行，正所谓："根深不怕风摇动，树正何愁月影斜。"但是季康子对孔子取尊重态度，有时还帮助了孔子，受了批评似乎也没有生气。

季康子问政于孔子曰："如杀无道，以就有道①，何如？"孔子对曰："子为政，焉用杀？子欲善而民善矣。君子之德风，小人之德草。草上之风②，必偃。"

注释

①就：成就。

②上：通"尚"，遇上。

译文

季康子向孔子询问政务方面的事情，说道："以杀戮无道的方式使国政趋向清明，如何？"孔子回答说："您治理国家，干嘛使用杀戮的手段呢？您想把国家搞好，百姓就会好起来。君子的德行好比风，老百姓的德行好比草。风向哪边吹，草就跟着向哪边倒。"

解析

季康子为了对付动乱的社会，打算以刑杀治国，即"杀掉无道的坏人，成全有道的好人"，以达到改善政局的目的。孔子认为季康倘若实行霸道，搞极权政治，就可以杀人无忌。

如果存心治理好国家，必须实施善政，为政以德，努力做到省刑罚，薄税敛，使老百姓得到德治的教化。这是一条"求仁而得仁，为善而得善"的坦途。孔子用形象的语言告诉季康子，"统治者的德行好比风，老百姓的德行好比草，风向哪边吹，草向哪边倒"。

《老子·七十四章》："民不畏死，奈何以死惧之！"（老百姓不怕死，怎么要用死来吓唬他们呢！）苏辙也曾说过，"政烦刑重，民无所措手足，则常不畏死。虽以死惧之，无益也"。这些话都是对严刑峻法者的否定和批判。

樊迟从游于舞雩之下①，曰："敢问崇德，修慝②，辨惑。"子曰："善哉问！先事后得，非崇德与？攻其恶，无攻人之恶，非修慝与？一朝之忿，忘其身，以及其亲，非惑与？"

注释

①从游：孔子出游。舞雩：鲁国祭天求雨的地方，在今山东曲阜县。
②慝：藏匿于心中的怨恨。

译文

樊迟陪同孔子在舞雩台下游玩，他说："请问如何提高自己的品德，如何消除内心的邪念，如何辨别困惑。"

孔子道："这个问题问得好！做事争先，享受在后，不是提高品德了吗？批判自己的坏处，不去批判别人的坏处，不就消除内心的邪念了吗？忍不住一时的气愤，忘了自己的生命安危，甚至也牵连到自己的亲人，不是糊涂吗？"

解析

本章孔子仍谈个人的修养问题。他认为，要提高道德修养水平，首先要踏踏实实地做事，不要过多地考虑物质利益；然后严格要求自己，不要过多地去指责别人；还要多多克服感情冲动的毛病，不要以自身的安危作为代价，这就可以辨别困惑。这样，人就可以提高道德水平，改正邪念，辨别困惑了。

第十篇　子　路[①]

　　子路问政。子曰:"先之劳之[②]。"
　　请益。曰:"无倦[③]。"

注释

①第十篇　子路:在《论语》全文本中此篇应该为第十三篇。
②先之:朱熹《集注》引苏氏说云:"以身先之"。
③无:通"毋",不要。

译文

　　子路询问如何管理政事。孔子道:"自己身体力行给百姓带头,然后让老百姓勤劳地工作。"子路请求再讲一点。孔子又道:"(根据上面说的做,)不要懈怠就行。"

解析

　　孔子指出为政之道为"先""劳"和"无倦"。并强调这三原则的重要性。为政者自己要身体力行给百姓带头,然后让老百姓勤劳地工作,不至于逸乐淫奢。如果能这样坚持下去,从而形成良好的风气,也就能收到不发令而从的政治效果。

樊迟请学稼。子曰："吾不如老农。"请学为圃①。曰："吾不如老圃。"樊迟出。子曰："小人哉，樊须也②！上好礼，则民莫敢不敬；上好义，则民莫敢不服；上好信，则民莫敢不用情。夫如是，则四方之民襁③负其子而至矣，焉用稼？"

注释

①圃：种植蔬菜、花草的园地。
②樊须：指樊迟。

译文

樊迟向孔子请求学种庄稼。孔子说："这个我不如老农夫。"他又请求学种蔬菜。孔子说："这个我不如老菜农。"

樊迟出去了。孔子说："樊迟真是小人！当权者要是讲求礼节，那么百姓就没有人敢不尊敬他；当权者要是讲求道义，那么百姓就没人敢不服从；首长讲信誉，老百姓就没人敢说假话。能做到这样，四面八方的老百姓都会背负着小儿女来投靠，这怎么用得着自己学种庄稼呢？"

解析

孔子毫不客气地指责想学种庄稼和种蔬菜的樊迟是小人，可以清楚地看出他的教育思想。他觉得，在上位的人不需要学习种庄稼、种菜之类的知识，只要重视礼、义、信也就足够了。他培养学生，不是为了以后去种庄稼种菜，而是为了从政为官。在孔子时代，接受教育的人毕竟是少数，劳动者只要有充沛的体力就可以从事农业生产，而培养实行统治的知识分子才是教育的目的。所以，孔子的教育目的并不是为了培养劳动者。这在当时历史条件下有其相对的合理性。

子曰："诵《诗》三百，授之以政，不达；使于四方，不能专对①；虽多，亦奚以为？"

注释

①专对：古代使节，只接受使命，至于交涉应对，全靠随机应变，这就是"专对"。又指独立应对。当时在外交场合，大多背诵《诗经》来表达意图。

译文

孔子说："熟读《诗经》三百篇，让他处理政务上的事情，却不能做好；让他出使外国，又不能单独的应对；就算书读得再多，又有什么作用呢？"

解析

对《诗经》这部古代诗歌总集,孔子十分重视,《诗经》内容反映了西周时代的民情和政情。《诗经》是当时最好的了解民情风习,学习治国安民之道的课本。是孔子教授学生的主要内容之一。他教学生诵诗,不单纯是为了诵诗,而是为了把诗的思想运用到指导政治活动之中。儒家不主张死背硬记,当书呆子,而是要学以致用,应用到社会实践中去。

子曰:"其身正,不令而行;其身不正,虽令不从。"

译文

孔子说:"当权者首先品行端正,即使不下命令,下属也会执行。当权者首先行为不正,即使三令五申,也不会有人听从的。"

解析

孔子讲到为政的道理,政治不仅是命令、权威,使人听从而已,为政者更要首先做好典范。孔子始终认为个人的修养非常重要,任何一种制度,到底还是人为的并强调以身作则。

子谓卫公子荆①,"善居室②。始有,曰:'苟合矣③。'少有,曰:'苟完矣④。'富有,曰:'苟美矣。'"

注释

①卫公子荆:卫国的大夫公子荆,即卫献公的儿子,字南楚。
②善居室:善于居家过日子。
③苟:将就。合:足够。
④完:完备。

译文

孔子谈到卫国的公子荆,说:"他善于居家过日子,刚有一点,就说:'将就凑合着就足够了。'当财物稍微多一些时,又说道:'差不多完备了。'当财物多起来时,便说道:'差不多富丽堂皇了。'"

解析

孔子评价卫国大夫公子荆,认为他善于治理家政,会过日子,能够自知克制。才有一定家业,就说够享用的了。稍有一点家业,就说够宽裕的了。富有时,就说够美满的了。孔子在教导门人,在物质生活上要自知满足。"知足常乐,能忍自安。"这也是人生的一种境界。

贪得无厌往往是因为不知足,最终欲壑难填,乃至败事失职,甚至身败名裂。有人提出:"工作向前看,生活向后看。"这也是一种人生的价值取向。

子曰:"'善人为邦百年①,亦可以胜残去杀矣②。'诚哉是言也!"

注释

①为邦:治理国家。
②胜残:战胜残暴。去杀:免除虐杀。

译文

孔子说:"'善人治理国家一百年,也可以战胜残暴、去除刑戮了。'这话说得确实正确呀。"

解析

文化历史的成果,不能一下子做得到,起码要百把年,好几代才可能做到。所以不要急于求成,以免事得其反。

子曰:"如有王者①,必世而后仁②。"

注释

①王:这里用在动词,意思是称王天下。
②世:古时候称三十年为一世。

译文

孔子说:"如果有称王天下的人,一定需要三十年才能使仁政大行。"

解析

对于王道仁政的推行,孔子又作了一个原则性的定论。他说要实行王道的仁政,亲眼看见成功,是很难做得到的。必须要长时间的施行,隔世隔代的努力;有了安定的社会基础,有了根深蒂固的文化教育,然后才能"世而后仁"。

子曰:"苟正其身矣,于从政乎何有?不能正其身,如正人何?"

译文

孔子说:"如果让自己的品行端正了,治理国家还有什么困难呢?如果不能让自己品行端正,那么又怎么让别人品行端正呢?"

解析

这一章是说以身作则的思想。提出"其身正,不令而行"。强调正身是无声的命令。为了正身,必须正心诚意,换而言之,要端正自身,必须心术端正,意念诚恳。思想是指导行动的,加强思想意识的锻炼,并接受法律和制度的监督,才可以真正端正自身的一言一行。兵家要身先士卒,士家也要以身作则,我们现在的官员是人民的公仆,所以更要发扬以身作则的思想。

叶公问政。子曰:"近者悦,远者来。"

> 译文

叶公问孔子怎么治理政事。孔子说:"让您近处的人感到高兴,让离您远的人都来投靠您。"

> 解析

孔子这两句话,现在一般引用到外交上,能够与邻近的国家,相处得和睦;而距离远的国家,也愿意来往,这样才算做的成功。

子夏为莒父宰①,问政。子曰:"无欲速,无见小利。欲速,则不达;见小利,则大事不成。"

> 注释

①为:动词,担任。莒父:鲁国的一个城邑。

> 译文

子夏做了莒父这个地方的长官,他向孔子询问有关管理政事的方法。孔子道:"不要想快,不要想小利。只想快,也许达不到目的;只想小利,大事就办不成功。"

解析

人生的经历,求和问道,身心修养,须经过百炼才能成钢,勤苦才能见效。人们常说:只要工夫深,铁棒都能磨成针。凡是走小路抄捷径投机取巧的,只能得到一时的效果,成不了大功,立不了大业,吃亏的最终还是自己。这一章孔子的话,自然是十分著名的了,具体到子夏其人,孔子认为他是眼光不够远大的,一次是孔子叫他要做君子儒,不要做小人儒,一次是说"商也不及"。孔子对子夏的具体指导可说是深刻的了,这些话已成为我们民族智慧中的警句,它不受时间、地点的限制,具有普遍性。速度问题,小利与大利,小事与大事的关系问题,是历来都要认真研究的课题。

樊迟问仁。子曰:"居处恭①,执事敬,与人忠②。虽之夷狄,不可弃也。"

注释

①居处恭：平日容貌态度端正庄严。
②与人：对待他人。

译文

樊迟询问什么是仁。孔子说："平常容貌态度端正庄严，工作严肃认真，对待他人忠诚恳切。这几种品德，就算到了其他国家，也是不能废弃的。"

解析

孔子在《论语》中都贯穿着"仁"这一主题，但"仁"的含义却因人不同，如樊迟问仁：孔子讲的是行仁的总方案，也是人为什么为人的道理。他说自己平日的言行，恭敬而诚恳，做事尽心负责任，对长官、朋友、部下、对任何人无有不尽心的。即使是野蛮夷狄的地方，也是不能放弃的。

子曰："不得中行而与之①，必也狂狷乎②！狂者进取，狷者有所不为也。"

注释

①中行：言行合乎中庸。与：交往。
②狷：性情正直而不肯言行。

译文

孔子说："得不到言行合乎中庸的人的交往，那一定要去结交激进的人和直性子的人吧！激进的人一意向前，直性子的人也不肯做坏事。"

解 析

孔子认为合乎中行、中道、中和、中正,也就是中庸思想的人是凤毛麟角,稀世独立的,能和这样的人引为同志、同道是最好不过的。大多数人都是忙于生活,认同于流俗的芸芸众生。狂者一意向前,狷者绝不会随俗浮沉与坏人坏事沆瀣一气。现实生活中努力求进取、精进不舍的人,比比皆有,但狷者却不多见。当代学者钱钟书却以狷者自居。他说,"人谓我狂,不知我之实狷"。狷者,耿介也。即为人正直,不认同于流俗的人。

子曰:"南人有言曰①:'人而无恒,不可以作巫医②。'善夫!"

"不恒其德,或承之羞。"子曰:"不占而已矣。"

注 释

①南人:南方人。
②巫医:用巫术替人治病的人。

译 文

孔子说:"南方人有句话说,'人如果没有恒心,是不能做巫医的。'这话说得好呀!"

《易经·恒卦》的爻辞说:"三心二意,翻云覆雨,就会有羞辱随后而来。"孔子又说:"这话的意思是叫无恒心的人不必去占卦罢了。"

【解析】

孔子在这一章中主要讲了两层意思:其一是人必须有恒心,这样才能成就事业;其二是必须恒久保持德行,不然就可能会遭受耻辱。这是他对自己的要求,也是对学生们的告诫。

子曰:"君子和而不同,小人同而不和①。"

【注释】

①和、同:这是春秋时代常用的两个术语。指多种事物,在真善美占主导地位下的和谐,就是所谓相反相成。和,表现在君臣关系上,就是臣子赞成君主的正确意见,而不赞成他的错误意见。同,则与之相反,只是一味地盲从,以求明哲保身。

【译文】

孔子说:"君子可以相互和谐共处,而不盲目附和,小人能盲目附和但不能和谐相处。"

【解析】

本章的这两句话用来解说前面所提到的"中行"的意义,是最恰当不过的。和而不同,就是能够调和左右矛盾的意见,而自己的中心思想还是独立而不移。小人就不一样了,容易受到别人的影响,即使别人影响了他,然而人各有志,到了利害关头,意见冲突,各怀争利之心,相处就不会融洽,自然而然变成同而不和了。

子曰:"君子易事而难说也①。说之不以道,不说也;及其使人也,器之②。小人难事而易说也。说之虽不以道,说也;及其使人也,求备焉。"

注释

①易事:一起工作很容易。说:同"悦"。
②器之:衡量使用它。

译文

孔子说:"在君子手下工作很容易,可要讨他的喜欢却很难。讨他的欢喜而不用正当的方式,他是不会欢喜的;等到他使用人的时候,他却会依据各人的能力来衡量使用手下的人。在小人手下工作很难,讨他的欢喜却容易。即便用不正当不道义的方式去讨他的欢喜,他也会高兴的;等到他使用人的时候,便会百般挑剔,求全责备。"

解析

孔子的这些话,都是从政的经验,这就是圣人。把人情世故说得透彻到极点。所以我们知道做领导人的用人时不要过分要求,世上没有十全十美的人,爱打牌的劝他少打一点,爱喝酒的劝他少喝一点。办好了事让他去,不要求全责备。希望每个部下都像孔子,道德又好,才能又好,那是不可能的。如果孔子来做自己的部下,自己又是一个什么"子",才能承当呢?

子曰:"君子泰而不骄,小人骄而不泰①。"

注释

①泰:安宁。骄:傲慢。

译文

孔子说:"君子心情安详,而不盛气凌人;小人盛气凌人,而心情不安详。"

解析

这一章又是君子与小人的对比。君子之人很舒泰,这个泰字,包括了很多意思:度量宽宏,胸襟开阔,光明爽朗,这就是泰。君子虽然很舒泰,但他们绝不傲慢。小人既骄傲,又自卑,心里像猫爪一样,到处都是毛病,心境就不泰然了。

第十一篇　宪　问①

宪问耻②。子曰："邦有道，谷③；邦无道，谷，耻也。""克、伐、怨、欲不行焉④，可以为仁矣？"子曰："可以为难矣，仁则吾不知也。"

注　释

①第十一篇　宪问：在《论语》全文本中此篇应该为第十四篇。
②宪：姓原，名宪，字子思。孔子的学生。
③谷：薪俸。
④克：好胜。伐：自夸。

译　文

原宪问什么叫耻辱。孔子说："国家政治清明，可以做官领俸禄；国家政治黑暗，也去做官领俸禄，这就是耻辱。"

原宪又问："一个人好胜、自夸、怨恨、贪欲，都能避免，可以算得上仁吗？"孔子说："这些品德是难能可贵的，是否达到了仁的高度，那我就不能由此断定了。"

解析

这个问题并不是原宪偶然提出来的,而是他自己的体验心得。他后来退隐草泽之间,这几点他基本上都做到了。当时他问孔子,这种样子,算不算是仁的境界?孔子还不承认这是仁的境界。他说这是难得的,到底是不是仁的境界,那就不知道了。由此可知孔子所称的仁,其文化所标榜的仁的道体,就像道家、佛家所谓"得道"那样,无法测知,是非常高、不思议的一个境界。

子曰:"士而怀居①,不足以为士矣。"

注释

①怀:留恋。居:安居。

译文

孔子说:"读书人要是留恋安逸的家室生活,就不配做读书人了。"

解析

原宪在孔子死后,放弃功名富贵,而退隐于下层社会,是不简单的一件事,他一定替下层社会,替人家解决了很多问题,做了很多大众福利的事情。而原宪之所以甘心放弃功名富贵,可以说受孔子教育思想的影响很大。

子曰："邦有道，危官危行①；邦无道，危行言孙②。"

注 释

①危：正直。
②孙：通"逊"，谦逊。

译 文

孔子说："如果国家政治清明，言语正直，行为正直；政治黑暗，行为正直，言语谦逊。"

解 析

从这里看好像孔子很滑头，教学生们这么多态度。其实不是滑头，在这里是在教人处世的基本原则。如果天下太平，国家社会都上了轨道，有明君贤相为政，能采纳善言表彰善行，所实行的是大公无私的善政，那么作为一个正人君子，行为要端正，说话正直，没有关系，无所顾虑，也不会遭到任何政治迫害。

可当处在动

乱的社会中，因昏君奸臣当政，第一个原则：行为要端正，如当公务员，不贪污，不犯法，规规矩矩，方方正正。可是在言语上，则要少发牢骚，不要得罪人，因为乱世里没有章法，否则的话，往往出问题；从历史的记录，生活的经验，都可以看到。

子曰："有德者必有官，有言者不必有德。仁者必有勇，勇者不必有仁。"

译文

孔子说："有德行的人一定会讲理，但会讲理的人不一定有德行，仁人一定会勇敢，但勇敢的人不一定仁。"

解析

本章解释的是言论与道德、勇敢与仁德之间的关系。这是孔子的道德哲学观，他觉得勇敢只是仁德的一个方面，二者不能划等号，因此，人除了有勇以外，还要修养其他各种德行，从而成为有德之人。

尧、舜、禹、汤、文、武、周公等圣贤人物都有嘉言懿行(有教育意义好言语和好行为)留传到现在；有言论的人，特别是那些欺世盗名的政客、立异鸣高的政治掮客，以及推销痞味文学的某些"写家"，不一定有人品、有良知、有责任、有追索！仁民爱物的人，如夏禹在滔天洪水面前而无所畏惧，率领老百姓和洪水作长年的斗争，使洪水得到治理；又如周武王面对暴虐的商纣而吊民伐罪(抚慰受害的老百姓、讨伐有罪的独夫民贼)。我们国家的干部和人民的军队，在天灾人祸面前奋不顾身，体现了大无畏精神。在现实生活中，也有人逞匹夫之勇，怒火中烧，一朝之忿而不顾身家性命，但他却未必有仁心仁德。

子曰："爱之，能勿劳乎？忠焉，能勿诲乎？"

译文

孔子说："爱他，能不使他勤劳吗？忠于他，能不去规劝他吗？"

解析

孔子的这句话有关于教育，也有关于个人修养。如果真的爱一个人，要像爱自己的孩子，不能溺爱，太宠爱了就会害了他。要使他"劳"，这个劳并不一定让他去劳动，要使他知道人生的困苦艰难。

子曰："为命①，裨谌草创之②，世叔讨论之，行人子羽修饰之，东里子产润色之。"

注释

①为命：据《左传》，这里的"命"为外交辞令。为命：制定国家的法令。
②裨谌：郑国大夫。

译文

孔子说："郑国制定国家外交政策的法令，由裨谌来打草稿，世叔提意见，再由外交官子羽进行修改，最后由子产进行文字上的修饰完成。"

解析

这是孔子告诫从政的学生，一个从政的人，一下笔乃至写个条子都要当心，尤其是有关政治大问题的决定，一旦写下去，就会在历史上留下一个印子，不能够草率。所以孔子提到"为命"之难，告诉学生们，不能疏忽。

子曰："贫而无怨难，富而无骄易。"

译文

孔子说："贫穷但无抱怨，这是很难做到的；但富贵了却不骄傲，倒是很容易做到的。"

解析

孔子觉得如何居贫处富，对每一个学人君子来说，都是一番考验。孔子觉得能够安贫乐道、无怨无悔，需要一定的学养和自持力；能够富贵却不骄傲，只要有一定人生阅历的人都不难做到。

钱穆《论语新解》："颜渊处贫，子贡居富。使颜渊处子贡之富则易，使子贡居颜渊之贫则难。"修养和学养的高下，是不可以强求的。孟子继承孔子的思想，认为只有培养大丈夫精神，才能正确的对待富贵、贫贱和权势问题。孟子答纵横家（也可能是阴阳家）景春问，"公孙衍、张仪难道不是真正的大丈夫吗？"孟子认为要做到"富贵不能淫，贫贱不能移，威武不能屈，此之谓大丈夫"。着重说明，要富贵不能乱心，贫贱不能失志，威武不能变节，才能称得上"大丈夫"。换而言之，公孙衍、张仪还没有达到这一标准。孟子是从人格高度来阐述如何居贫处富问题。范仲淹在《岳阳楼记》中，提出"不以物喜，不以己悲"的著名箴言，这中间也有孔子的"仁人之心"的脉络。

子曰："孟公绰为赵、魏老则优，不可以为滕、薛大夫①。"

注释

①滕、薛：鲁国附近的小国。

译文

孔子说："孟公绰，假如让他做晋国卿大夫赵氏、魏氏的家臣，他是完全有能力胜任的，但让做滕、薛这类小国的大夫却不一定能够胜任。"

解析

这一章孔子针对人才选拔困难有感而发。另外，不仅对人的选拔、安置困难，而且每个人自己认识自己更难。孔子认为孟公绰是一位安贫乐道、不谋私利的尚德君子。作为晋国的赵氏和魏氏两个卿大夫之家臣之长，没有官却守实职，担任这种虚衔，以他的崇高声望，一定能够胜任愉快。让他作为滕国或薛国的大夫，国小政烦，而且是独当一面的工作，可能力不能胜。孔子说这句话是要表明,对人事安排,一定要知人善用。

子曰:"臧武仲以防求为后于鲁①,虽曰不要君吾不信也②。"

注释

①防:臧武仲的封地,离齐国很近。为后:为他确定封爵继承人。
②要:威胁。

译文

孔子说:"臧武仲凭借着他的封地防城请求立其子弟继他为鲁国卿大夫,虽然有人说他不是威胁国君,但我是不相信的。"

解析

孔子觉得臧武仲有可取的一面,他能见微知著,他预见齐庄公不得善终,有意不接受他的封地,因此后来崔杼加害齐庄公时,他没有受到牵累。本章孔子对臧武仲以防邑作为讨价还价的筹码,要求鲁君明确他的后人享受卿大夫待遇,表示异议。即算说他不是要君挟上,孔子觉得不能使他信服。孔子是一位"是则是,非则非"的人,孔子认为臧武仲是好智不好礼的人。孔子心目中的君子,必须博学于文,约之以礼。

子曰:"晋文公谲而不正①,齐桓公正而不谲②。"

注 释

①晋文公：晋国国君，名重耳，晋献公的儿子，公元前696～公元前628年在位，他在位期间，整顿内政，增强国力，帮助周王室平定内乱，并在城濮之战中打败楚军，被中原诸侯尊为霸主。

②齐桓公：齐国国君，名小白，齐襄公的弟弟，公元前685～前643年在位。他继位后，任用管仲为国相，改革政治，以"尊王攘夷"为号召，多次打退少数民族对中原的侵扰，安定了周王室的统治，成为春秋时代第一个霸主。

译 文

孔子说："晋文公喜欢搞阴谋诡计，不能光明正大；而齐桓公光明正大，不搞阴谋诡计。"

解 析

齐桓公、晋文公是春秋五霸中最负盛名的两位霸主。两人先后为诸侯盟主，都打着"尊王攘夷"（尊崇周天子，讨伐夷狄）的旗号，称霸一时。可是两人的政治实力和政治作风有明显的不一致。齐桓公称霸时正处于盛年，有齐国的渔业、盐铁之地利，用管仲为相，靠实力巩固霸业，在位时间长达43年之久。齐桓公一死，霸业随即瓦解。晋文公称霸时，年龄已经很大了，国外受秦楚的钳制，国内同室操戈，连年战乱，手下缺乏像管仲这样的谋臣，内政不修，向列国榨取严酷，靠权术和计谋巩固霸业。

子贡曰:"管仲非仁者与?桓公杀公子纠,不能死,又相之。"子曰:"管仲相桓公,霸诸侯,一匡天下①,民到于今受其赐。微管仲②,吾其被发左衽矣③。岂若匹夫匹妇之为谅也,自经于沟渎而莫之知也?"

注释

①一匡天下:朱熹《集注》:"匡,正也。"
②微:假若没有。
③被发左衽:被,同"披"。衽,指衣襟。中原民族的风俗是束发,衣襟右开,少数民族则披发,衣襟左开。指沦为未开化的少数民族。

译文

子贡说:"管仲应该不是仁人吧,齐桓公杀了他的主人公子纠,他不但没有以身殉难,还去辅助他。"孔子说:"管仲辅助桓公,称霸诸侯,使天下一切都得以匡正,老百姓直到今天还感受到他的好处。如果没有管仲,我们都会披散着头发,衣襟向左边开着,(沦为落后民族)了。他难道要像普通老百姓一样守着小节小信,在山沟里自杀,死了也不会有人知道吗?"

解析

孔子在这一章里高度评价了管仲。孔子也曾在别的章节中说到管仲的不足之处,但总的来说,他肯定了管仲有仁德。根本原因就在于管仲尊王攘夷、反对使用暴力,而且阻止了齐鲁之地被夷化的可能。知道舍小节而存大节,以致对历史产生了巨大的贡献。这就是现代人所说的,小节服从大节。

子曰:"其言之不怍,则为之也难。"

译文

孔子说:"假如一个人说起话来大言不惭,他做起事来就没那么容易了。"

解析

孔子说这话的意思,是指有些人吹牛脸都不红,并且吹了牛却不兑现。不过,如果真做到了,就不算是吹牛了。所以我们做事、说话时要慎重考虑,大言不惭很容易,要看自己能不能做到。

陈成子弑简公①。孔子沐浴而朝②,告于哀公曰:"陈恒弑其君,请讨之。"公曰:"告夫三子③!"孔子曰:"以吾从大夫之后,不敢不告也。君曰'告夫三子'者!"之三子告,不可。孔子曰:"以吾从大夫之后,不敢不告也。"

【注释】

①陈成子:就是陈恒。恒亦作"常"。因其祖先陈完逃奔齐国而改姓田,故亦姓田。简公:齐简公,名壬。
②沐浴而朝:这时孔子已告老还家,特为这事来朝见鲁君。
③三子:指当时执政的季孙氏、叔孙氏、孟叔氏。

【译文】

陈恒谋害了齐简公。孔子庄重地沐浴斋戒后上朝廷朝见鲁哀公,报告说:"陈恒杀了他的君主,请你出兵讨伐他。"哀公说:"你向季孙、仲孙、孟孙三位大夫去报告吧!"

孔子出来后说:"我来报告是因为我曾经作过大夫,但是君上却对我说,'向那三位大夫报告吧'!"

孔子又去报告三位大夫,三位大夫都不同意出兵讨伐。孔子说:"我来报告是因为我曾经作过大夫。"

【解析】

陈成子杀死齐简公,对孔子来说他认为这是实在不可忍的事情。虽然他已经退官家居了,可他还是郑重其事地把此事告诉了鲁哀公,虽然这违背了他"不在其位,不谋其政"的戒律。他的请求遭到哀公的婉言拒绝,所以孔子心里一定很抱怨,但又无能为力。

子路问事君。子曰："勿欺也，而犯之①。"

注释

①犯：冒犯，这里指规劝。

译文

子路问如何服侍人君。孔子说："不要欺骗他，但可以直言规劝他。"

解析

如何服侍君主？这是封建社会中普遍存在的一个重要问题。忠言逆耳，欺上瞒下，由此可见是助君还是害君了。孔子觉得侍奉君主的方法，不要言过其实，不要面从后言，更不要阳奉阴违，以致欺君罔（蒙蔽）上；而是要实事求是，以实相告，要直言规劝，甚至犯颜直谏（敢于冒犯君威而直言不讳）。这是孔子的政治道德理念。具体对子路而言，孔子希望他首先不要自以为是，而后犯颜极谏。

子曰："君子上达①，小人下达②。"

注释

①上：这里指仁义。
②下：这里指财利。

译文

孔子说:"君子通达于仁义,小人通达于财利。"

解析

对于上达、下达的解释,在学术界有所不同。另外两种观点:其一是君子上达,自知天命,日进乎高明;小人下达,沉溺于私欲,自甘于低级趣味。其二是君子上达于形而上之道,小人下达于形而下之器。什么是道呢?就是指事物的真理、原理、规律或法则;什么是器,就是指专业技术和农工商百业。对我们一般读者,前面一种解释比较浅近。后面两种解释接近孔子原意。总而言之,君子追求仁民爱物的道德人格,小人追求虚名近利,智不越妻孥(儿女)豆羹和米盐琐细。

子贡方人①。子曰:"赐也贤乎哉?夫我则不暇。"

注释

①方:诽谤。方人:郑玄《论语注》作"谤人",郑注云:"谓言人之过恶。"

译文

子贡议论别人。孔子对他说:"赐啊,你已经十全十美了吗?对这些事情,我却没有这闲工夫。"

> 解 析

对于别人，不要想每一个人都是贤人！有时候要马虎一点，而且老是得罪人，也不太好。这是孔子为人处世的哲学，对己严，对人宽。

有一句格言："静坐当思己过，闲谈莫道人非。"只有严格要求自己的人，才能接受这种箴规和警句。

子曰："不患人之不己知①，患其不能也。"

> 注 释

①患：担心。不己知：即"不知己"的宾语前置句。

> 译 文

孔子说："别人不知道我不必担心，要担心自己没有能力。"

> 解 析

一个人不怕别人不了解自己，怕就怕自己没真本事，没有真学问，没有真才能，否则终无所成。孔子再三告诫门人，要充实自己，对自己要从严要求，要有自知之明，要认真加强自身的修养和锻炼，要努力追求人际关系和谐融洽，积极地对待人生世态。

子曰:"贤者辟世①,其次辟地,其次辟色,其次辟言。"

子曰:"作者七人矣②。"

注释

①辟:通"避",逃避。
②作:为。者:……的人。即"为之者",这样做的人。

译文

孔子说:"贤人逃避恶浊的社会现象而隐居,次一等的,逃避一个地方到另一个地方去居住,再次一等的,逃避不好的脸色,再次一等的逃避听人的恶言恶语。"孔子又说:"这样的人已经有七位了。"

解析

本章里讲为人处世的道理。人不能总是处于一帆风顺的环境里,身居逆境,该如何办?"贤者辟世,"时代不对了,觉得无能为力,挽回不了的时候,只有避世。那么避世做什么呢?就是保持有用之身,等待机会,做更大的贡献。这是孔子教授给弟子们的处世之道。

第十二篇　卫灵公①

卫灵公问陈于孔子②。孔子对曰："俎豆③之事，则尝闻之矣；军旅之事，未之学也。"明日遂行。

注释

①第十二篇　卫灵公：在《论语》全文本中此篇应该为第十五篇。
②陈：就是现在的"阵"字。
③俎豆：古代祭器。俎豆之事，礼仪之事。

译文

卫灵公问孔子关于军队列阵的问题。孔子回答说："礼仪的事情，我曾经听到过；军队方面的事情，我却从没学过。"第二天，孔子便离开了卫国。

解析

孔子对卫灵公询问有关军事方面的问题非常不感兴趣。从总体上讲，孔子反对用战争的方式解决国与国之间的争端，当然在具体问题上也有例外。孔子主张以礼治国，礼让为国，故他以上面这段话回答了卫灵公，于是第二天就离开了卫国。

在陈绝粮，从者病，莫能兴。子路愠见曰："君子亦有穷乎？"子曰："君子固穷①，小人穷斯滥矣②。"

注释

①固：安守。
②斯：就。滥：胡作非为。

译文

孔子在陈国断绝了粮食供应，跟随的弟子都饿病了，爬不起来。子路的心里满是怨气，拉长了脸来见孔子，说："难道君子也有一筹莫展的时候吗？"孔子说："君子在穷困时能安守节操，但小人穷困了就会为所欲为了。"

解析

一个人可不可以处变不惊、居穷不滥，这是君子与小人的分界线。小人在遇到困难时，首先发牢骚，讲怪话，腐蚀大家共度艰难的合作气氛。自持力和操守一旦放松，就会很难节制和收拾。子路缊袍不耻，浮海喜从，可在绝粮七天后，痛感时势不由人做主，所以愠见孔子，牢骚怪话脱口而出："君子，也会有山穷水尽的时候吗？"孔子用教导的口气答话："君子在面对穷困时，总是能够挺得住；小人面对穷困，就破罐破摔，无所不为了！"孔子的话是箴言，也是针砭！

子曰:"由!知德者鲜矣。"

译文

孔子对子路说:"由呀!懂得'德'的人确实太少啦。"

解析

孔子向子路掏心:"仲由呀,今天懂得做人,懂得修省躬行的人太少了!"联系孔子二千五百年后的今日社会,举目四望,缺德的人不是太少,而是太多了。他们智商和悟性不低,他们在埋头学外语、学电脑、学公关、学商业实物、学交谊舞,有相当的主动性(这是应予肯定的),就是缺乏道德修养的自觉性;对人生在世如何做人可说处于昏睡状态!

子曰:"无为而治者,其舜也与?夫何为哉?恭己正南面而已矣。"

译文

孔子说:"使天下太平而自己从容安静的大概只有舜吧?他做了什么呢?他只是谨慎地整饬自身,端正地坐在君王的位子上罢了。"

解析

无为而治是道家所称赞的治国方略,符合道家思想的一贯性。在本章孔子以舜为例加以说明,表明他赞赏无为而治,这说明,主张积极进取的儒家也十分留恋上古三代的法度礼治,但在当时的现实生活中并不一定要求统治者无为而治。在孔子的观念中,是用礼治而不是无为而治。

子曰:"直哉史鱼①!邦有道,如矢;邦无道,如矢。君子哉蘧伯玉!邦有道,则仕;邦无道,则可卷而怀之②。"

注释

①史鱼:卫国大夫史䲡,字子鱼。他临死时嘱咐儿子不要"治丧正室",以此劝告卫灵公进用蘧伯玉,斥退弥子瑕,古人称之为"尸谏"。

②卷:收起。怀:包藏。卷而怀之:指不参与政事,不得罪人。

译文

孔子说:"好一个刚直不阿的史鱼!国家政治清明,他像箭一般直,国家政治黑暗,他也像箭一般直。好一个君子蘧伯玉!国家政治清明就出来做官,政治黑暗就可把自己的本领收藏起来隐退。"

【解析】

孔子对两位典型人物作了对比性的评价：史鱼直道而行，不管邦国有道与否；蘧伯玉邦有道则出来做官，邦无道则退隐自保。孔子赞扬史鱼的刚正不阿，钦佩蘧伯玉的守志不移。蘧伯玉的行藏正合孟子的主张："达则兼善天下，穷则独善其身。"蘧伯玉的进退方式后来发展而为"合则留，不合则去"，成为一些自由主义知识分子的清高自主信条。

子曰："可与言而不与之言，失人①；不可与言而与之言，失言。知者②不失人，亦不失言。"

【注释】

①失：错失。
②知：通"智"，聪明的意思。

【译文】

孔子说："能够与他谈而不与他谈，这是错过人才；不能够与他谈而与他谈，这是浪费言语。聪明人既不错过人才，也不会浪费言语。"

【解析】

言谈是一种思想感情交流的艺术，更是一种修养，要讲求对象、时间、地点、条件、修辞和后果。本章讲交谈的对象的选择：是能交谈的人，还是不能交谈的人。《孟子·离娄下》："禹恶旨酒，而好善言。"相传禹闻善言则拜，看来大禹是可以与言的对象。赵国平原君门下毛遂，平日厕身门客当中，并不出众。秦军围困赵国都城邯郸时，平原君奉命到楚国求救,毛遂自荐为平原君的随员。在与楚王谈判当中,楚王始终迟疑不决。毛遂按剑而起,疾言厉色胁迫楚王订下救援盟约。平原君对毛遂激动地说,"自以为不失天下士,今乃于毛先生而失之。"毛遂重视说话的时间、地点、场合而一吐为快,取得了平原君的信赖和外交上的胜利。魏国人范雎去见秦昭王,昭王一开始不以为意,范雎只得支吾其辞。后来秦王检点自己,态度一片至诚,范雎乃畅所欲言,授以"远交近攻"之计。秦昭王起用范雎取代穰侯为相,一一歼灭敌国主力。

范雎重视交谈的对象、场合和时间契机,取得了进言的预期效果。这一个是不失人、也不失言的范例。

子曰:"志士仁人,无求生以害仁,有杀身以成仁。"

译文

孔子说:"志士仁人,没有因为为了求生存而去损害仁德,只有勇于牺牲生命来保全仁德的。"

解析

本章这句话是成语"杀身成仁"的出处。孔子心目中的最高道德标准是"仁"。志士仁人不会因为为了求生贪生怕死而损害仁德,而是不顾个人安危,乃至牺牲自己宝贵的生命,去成全仁德。孟子也有类似的话:舍生取义。这"仁义"二字,在孔孟思想中有举足轻重的意义,象征着人的尊严,这种为仁义不惜付出生命的生死观,自古以来,它激励着多少仁人志士为国家民族的生死存亡而抛头颅、洒热血,谱写了一首首可歌可泣的壮丽诗篇。

子曰："已矣乎！吾未见好德如好色者也。"

译文

孔子说："没有希望了，我还从没有见过喜欢美德就像喜欢美貌那样的人呢！"

解析

孔子并没有说女色不好，只是人们没把好德的心思摆正，像好色那样专心一致追求到底而已。他也不过借题发挥聊当牢骚而已，他老人家何尝不懂，人世中就是这么回事，而不要走偏路啊，了解之后既不必因此而愤慨，也不必要去学坏。

子曰："臧文仲其窃位者与①！知柳下惠之贤而不与立也②。"

注释

①臧文仲：鲁国大夫臧孙辰。可参《公冶长》"臧文仲居蔡"章。
②柳下惠：鲁国贤者，本名展获，字禽，又名展季。立：仿。因为他的食邑在柳下，谥号为惠，所以人们亦称他为柳下惠，在儒家著作中，曾多次将他与伯夷等贤人并列，誉为有德行的人。

译文

孔子说："臧文仲大概是个窃居职位做官不管事的人，他明知柳下惠贤良，却不举荐他任职。"

解析

孔子认定为官择人，招贤纳才，乃是义不容辞的分内天职。历史上代有其人，史不绝书。唐代娄师德向武则天推举狄仁杰当宰相，狄不知情，还数度在朝廷排斥娄师德。武则天将娄推荐奏章给狄仁杰看，狄深感内疚。娄师德居官期间，深怀畏避，竟能以功名始终。唐宪宗宰相裴垍，选拔人才精当，如任用韦贯之、裴度掌管诏书起草工作，提拔李夷简做御史中丞，以后这些人相继当上了宰相，颇符人望。宋仁宗时的著名宰相晏殊，重视人才的培养和延揽，如范仲淹、韩琦、富弼、欧阳修、王琪都出于他的门下，皆能进用，至于台阁（上层官职），成为一代名臣。

孔子批评臧文仲堵塞人才晋升之途径，讥之为窃位者。孔子这话的落点不在臧文仲，而是希望后来当政者引起深思。

子曰："躬自厚而薄责于人①，则远怨矣。"

注释

①躬自厚：即"躬自厚责"。责于：探下而省，严于律己的意思。

译文

孔子说："对自己要多自我反省，对他人要少审察责备，这样就能有效地避免怨恨了。"

解析

人和人相处难免会有各种矛盾与纠纷。那么，为人处事应该多替他人考虑，从别人的角度看问题。只要责任方主动赔个不是，说声"对不起"，就"大事化小，小事化了"。假如存心把责任推给他方，对方一时姿态不高，互相指摘，互相攻讦，小事闹大，甚至大打出手，那么结下的怨恨会很难消除的。

因此，一旦发生了矛盾，人们应该多作自我批评，而不能一味指责别人的不是。责己严、待人宽，这是保持良好和谐的人际关系所不可缺少的原则。

zǐ yuē qún jū zhōng rì yán bù jí yì
子曰："群居终日，言不及义，
hào xíng xiǎo huì nán yǐ zāi
好行小慧，难矣哉！"

译文

孔子说："一群人每天都混在一起，谈话中从来不提到道义，只喜欢卖弄小聪明，这种人真难有出息！"

解析

一个朝气蓬勃的群居团体，应该是有理想、勤劳奋发的组合。如果"饱食终日，无所用心，卖弄小聪明，没有从大学问、大聪明上着眼，就不可能有出息。这是现代一些人流行的通病。

子曰："君子义以为质，礼以行之，孙以出之①，信以成之。君子哉！"

注释

①孙：同"逊"。出：出言。孙以出之：郑玄云，"孙以出之"谓出言语。

译文

孔子说："君子的根本原则是道义，依礼节实行它，用谦逊的言语表达它，用诚实的态度完成它。这才是真君子呀！"

解析

不管是对人还是对事，处处有信，言而有信，自信而信人。具备了这几个条件，就是君子之行，也就是一个知识分子。符合一个模范人格的标准，绝不是"群居终日，言不及义，好行小慧"可比。假如做不到这样，只有一些小聪明，那就完了。

子贡问曰:"有一言而可以终身行之者乎?"子曰:"其恕乎!己所不欲,勿施于人。"

> **译文**

子贡问道:"有没有一句终身可以奉行的话呢?"孔子说:"那可能是'恕'吧!自己所不想要的任何事物,也不要强加给他人。"

> **解析**

忠恕之道可以说是孔子的发明。这个发明对后人影响很大。孔子把忠恕之道看成是处理自己和他人关系的一条准则。这也是儒家伦理的一个特色。子贡曾经向孔子表达过两点的愿望:我不想别人强加于我,我也不想强加于人。孔子当时在子贡头上浇了一瓢冷水:"子贡呀,这不是你能做到的。"对"我不欲人之加诸我,吾亦欲无加诸人"的现实可行性和个人力所能及度都是两不着地的。没有仁心仁德的社会氛围和个人的仁德修养和崇高的人生理念是办不到的。从个人来讲,要想成为一个仁人君子,要不是从实行"忠恕"之道入手。"忠"道就是"己欲立而立人,己欲达而达人","恕"道就是孔子在本章提出的"己所不欲,勿施于人"。要从自身眼前的具体事情做起,将心比心。每个人都有自己的一些习惯,有些习惯不一定为别人所接受,一个善于处世的人,应该本着尊重别人个性习惯的原则去适应化解,而不是讨厌;不能接受别人的人说明自己也有许多不好的习惯,应学会由人及己的方法。如果这样,那么就可以消除别人对自己的怨恨,缓和人际关系,安定当时的社会秩序。

子曰："吾之于人也，谁毁谁誉①？如有所誉者，其有所试矣。斯民也，三代之所以直道而行也②。"

注释

①谁毁谁誉：宾语前置，实际上是毁谁誉谁。
②三代：指夏、商、周三个朝代。

译文

孔子说："我对于别人，诋毁了谁，称赞了谁？如果我对他有所称赞，那也一定是经过考验的人。夏、商、周三代的人都是这样做的，所以这三个朝代能在正道上顺利地进行。"

解析

孔子觉得他对别人从不轻易、不随便进行表扬或批评，更加不会对人过奖或苛责。不管人家对某人或自己对别人进行表扬，必定经过核实，一定要有事实根据，做到实事求是。这叫做直道而行，夏商周三代的人都是如此坚持。因此那个时代的人际关系健康活跃，人民淳朴，社会安定。孔子认为人的生存仰赖于正直，尽管世道民风也有硗薄之时，人间的主流仍是崇尚直道。对于这些，必须深信不疑。

子曰："吾犹及史之阙文也。有马者借人乘之，今亡矣夫①。"

注释

①亡：通"无"，没有。

译文

孔子说："我还可以看到史籍存疑的地方。有马的人，把马借给别人乘坐，现在绝无这种事了。"

解析

朱熹《集注》引胡氏曰："此章义疑，不可强解。"有的《论语》译著作如此处理："我还能接触到史书中存疑的地方。有马的人自己不能调教，靠别人来训练，现在没有了。"对本章，我们主张权且一目带过。留给学者专家和考古工作者去研核和发掘。

子曰："众恶之，必察焉；众好之，必察焉。"

译文

孔子说:"大家都讨厌的人,一定要去考察一下。大家都喜爱的人,同样也一定要去考察。"

解析

在现实生活中,大家都喜欢的人,不见得是真的好人,他可能是个事事投人所好的伪君子。大家都讨厌的人,也未必是个恶人,可能是个敢直言无隐的真君子。因此做事情不要感情用事,要作深入的了解和考察。

常言道,"群众的眼睛是雪亮的",这话存在着片面性。有人说,"时间是最公平的裁判者",这句话则可以补救"群众的眼睛是雪亮的"之不足。两句话合并起来讲,就比较完整,也比较能切合实际。

子曰:"过而不改①,是谓过矣。"

注释

①过:过错,这里指犯过错。名词作动词用。

译文

孔子说:"如果有错误但不改正,这本身就是一个错误!"

解析

这句话是孔子对于过错的看法:一个人有错误不要紧,只要能改过就可以向善。没有错误的人是不可能的,圣人之贵,并不是贵在无过,而是贵在改过。所以说:"过而改之,是不过也",如果有错而不肯改,这就是大过,是真正的错误了。

子曰："君子不可小知,而可大受也;小人不可大受,而可小知也。"

译文

孔子说："君子不能用小事情来考验他,但能让他接受重大任务;小人不能让他接受重大任务,但能用小事情考验他。"

解析

这是一句至理名言,它的含义使我们多方面去发觉、体会。对这句名言我们有时不需要一定说是哪方面的看法,要在生活中多加体会才对。

南怀瑾先生在《论语别裁》中,引用唐代诗人杜荀鹤的诗《小松》,用来说明这一章的深刻寓意,值得参读:

从小刺头(小松针)深草里,而今渐觉出蓬蒿(草本植物)。时人不识参天木,待到凌云始觉高。当然,小人也有小人的特长,君子也会有君子的不足,"寸有所长,尺有所短",不可以苛求和诛责。

子曰："民之于仁也，甚于水火①。水火，吾见蹈而死者矣，未见蹈仁而死者也。"

注释

①甚于水火：《孟子·尽心上》说"民非水火不生活"，可作注脚。

译文

孔子说："老百姓对于仁德的要求，比对于水火的需求更加迫切。水与火，我看见有人踩在里面而死去的，没有看见因实行仁德而死去的。"

解析

孔子因为弟子中有人对践仁履德有畏难情绪，从而加以劝勉。当然在国家民族危急存亡之秋，仁人志士激于义愤而杀身成仁者，史不绝书，须当别论。

实际上，一个有仁心仁德的人，心地皎洁，胸怀坦荡，与人为善，与世无争，是世间最淡泊而安详自在的人。

子曰："当仁，不让于师。"

译文

孔子说："在对待仁的这个问题上，就算是老师，也可以不与他谦让。"

解析

孔子和儒家十分重视师生关系的和谐,强调师道尊严,学生不可违背老师。不过这是在一般情况下。而在仁德面前,即使是老师,也可以不谦让。这是把实现仁德摆在了第一位,仁是衡量一切是非善恶的最高准则。

zǐ yuē　　　jūn zǐ zhēn ér bú liàng
子曰:"君子贞而不谅①。"

注 释

①贞:正,信念。谅:信,信誉。

译 文

孔子说:"君子能够坚持追求正确的信念,而不去计较小的信誉。"

解 析

前面孔子曾经说过:"言必信,行必果。"但是信是有前提的。孔子注重信的道德准则,但它必须以道为前提,即服从于仁、礼的规定。离开了仁、礼这样的大原则,而讲什么信,就不是真正的信。

zǐ yuē　　shì jūn　jìng qí shì ér hòu qí shí
子曰:"事君,敬其事而后其食①。"

注 释

①而后其食:据宋晁公武《郡斋读书志》记载,五代时所刻的蜀石经此句作"而后食其禄"。

【译文】

孔子说:"侍奉国君时,应该把敬守职责放在首位,把俸禄的事情放在后面。"

【解析】

身为下臣的时候要敬,就是现在讲的"负责任"。首先要真正能够负了责任,然后再去考虑到自己待遇、生活的问题。如果说为了待遇、生活而担任这个职务,那就是另一观念。一个知识分子做一件事,并不一定为了吃饭。生活的方式很多,所以要认识清楚,做事是为了责任问题。

子曰:"有教无类①。"

【注释】

①类:这里作动词用,区别。

【译文】

孔子说:"我对于每一人都能加以教育,没有贫贱富贵的区别。"

【解析】

这句话的意思十分明显,不需要解释,它是孔子的教育精神。他不分阶级,不分地域,不分智愚,只要肯受教,以人文文化为基础,一律谆谆教诲。因此,我们说,孔子是中国古代伟大的教育家,开创了中国古代私学的先例,奠定了中国传统教育的基本思想。

子曰："道不同，不相为谋。"

译文

孔子说："思想主张不相同，就不能够互相交流商讨了。"

解析

孔子觉得主张、信仰不相同，由于缺乏共同语言，不可相与谋划，共图大事。

可是，现在的时代变了，不只是渐变，而且是跃变。处当今之世，对孔子这一指言，要有辩证的理解。只要大方向相同，目标一致，在路线问题上可以有多种选择。即使方向不同，目标两样，也必须找到两全其美的共同点。

我国领导人，从20世纪50年代起，向世人提出"求大同，存小异"主张，在外交上打破了孤立、被动局面，取得了节节的胜利。

从20世纪70年代起，为了能够实现祖国的最终统一，邓小平先生提出"一国两制"的构思，使香港、澳门的回归得到国际社会的广泛支持和港澳同胞由衷的拥护，闪耀着中国人的政治智慧和理性的光辉。

子曰："辞达而已矣。"

译文

孔子说："言辞能够表达清楚意思就可以了。"

> 解 析

这一章是写作上的一个重要原则,即辞以达意。言辞的范围很广。那时还没有把文学作品和理论文章区别看待。孔子不是不要文采,"不学诗,无以言"。《论语》的语言,有些就很有艺术性。"文质彬彬,然后君子"!这个观点也适用于言辞表达。

师冕见①,及阶,子曰:"阶也。"及席,子曰:"席也。"皆坐,子告之曰:"某在斯,某在斯。"

师冕出,子张问曰:"与师言之道与?"子曰:"然;固相师之道也②。"

注释

①师冕:师,乐师,一般指的是盲人。冕,人名。
②相:接待。

译文

师冕来见孔子,走到台阶边,孔子说:"这是阶沿啦。"走到坐席边,孔子说:"这是坐席啦。"等大家都坐好了,孔子告诉他说:"某人在这里,某人在那里。"

师冕告辞后,子张问:"这是同盲人讲话的方式吗?"孔子道:"对的,这就是一种帮助乐师的方法呀。"

解析

本章记述孔子的一种至诚的道德修养,对待残疾人体贴有加,正好说明我国历史文明的大树,真如"一干卓立,枝叶扶疏"。细节即精神,细节即教养,细节即人品,细节即文化,因此不要把待人接物这些细枝末节看轻。

第十三篇 季 氏①

季氏将伐颛臾②。冉有、季路见于孔子曰："季氏将有事于颛臾③。"

孔子曰："求！无乃尔是过与④？夫颛臾，昔者先王以为东蒙主⑤，且在邦域之中矣，是社稷之臣也，何以伐为？"

冉有曰："夫子欲之⑥，吾二臣者皆不欲也。"

孔子曰："求！周任有言曰⑦'陈力就列，不能者止⑧。'危而不持，颠而不扶，则将焉用彼相矣⑨？且尔言过矣，虎兕出于柙⑩，龟玉毁于椟中，是谁之过与？"

冉有曰：今夫颛臾，固而近于费。今不取，后世必为子孙忧。"

孔子曰："求！君子疾夫舍曰欲之而必为之辞⑪。丘也闻有国有家者，不患寡而患不均，不患贫而患不安。盖均无贫，和无寡，安无倾。夫如是，故远人不服，则修文德以来之。既来之，则安之。今由与求也，相夫子，远人不服，而不能来也；邦分崩离析，而不能守也；而谋动干戈于邦内。吾恐季孙之忧，不在颛臾，而在萧墙之内也。

注释

①第十三篇 季氏：在《论语》全文本中此篇应该为第十六篇。
②颛臾：鲁国的附庸国，在今山东费县西北。
③有事：《左传》："国之大事，在祀与戎。"这"有事"即指用兵，从这一段到"而在萧墙之内也"为一章。

④尔是过:"过尔"的倒装,责备你。
⑤东蒙:即蒙山,在今山东蒙阴县南,接费县境。
⑥夫子:指季康子。
⑦周任:古代史官。
⑧陈:施展。力:才能。就:充任。列:职位。
⑨相:辅助的人。
⑩兕:独角的犀牛。柙:关闭猛兽的笼子。
⑪疾:憎恨。舍曰:避而不谈。辞:辩解之辞。

译 文

季氏将要讨伐颛臾,冉求、子路就去见孔子,说:"季氏将要讨伐颛臾。"

孔子说:"求啊,这不是你的过错吗?颛臾,过去先王任命他主持东蒙山的祭祀,而且在鲁国的疆域之内,是国家的臣属。为什么要讨伐他呢?"

冉求说:"是季氏要这样做,我们两个都不愿意。"

孔子说:"求啊,周任曾经说过:'贡献力量担任职位,没有能力就辞职止步。'危难时不支撑,颠扑时不扶持,何必要用辅佐之臣呢?你的说法也是错误的。老虎、犀牛从笼子里跑出来了,龟壳、美玉在匣子里毁坏了,这是谁的过错呢?"

冉求说:"颛臾城邑坚固而且接近季氏的封邑费,如果现在不去夺取,到了后世必定会成为子孙的忧患。"

孔子说:"求啊,君子憎恶隐瞒欲望而非要进行辩解。我曾听说,拥有封国、家族的人,不担忧贫困而担忧不平均,不担忧寡少而担忧不安定。因为平均了就没有贫困,和谐了就不会寡少,安定了就不能倾覆。要是这样,边远的人不归服就修饬文德来招徕他们,既招来了就安定他们。现在你们两个辅佐季氏,边远的人不归服却不能招徕他们,国家分崩离析却不能进行守护,反而图谋在国家之内兴师动众。我想季氏的担扰是来自内部并不是颛臾。

解析

本章又反映出孔子的反战思想。他不主张通过军事手段解决国际、国内的问题,而是希望采用礼、义、仁、乐的方式解决问题,这是孔子的一贯思想。此外,本章里孔子还提出了"不患贫而患不均,不患寡而患不安"。朱熹对此句的解释是:"均,谓各得其分;安,谓上下相安。"这种思想对后代人的影响很大,甚至成为人们的社会心理。就现在而言,这种思想有消极的一面,基本不适宜现代社会,这是应该指出的。

孔子曰:"天下有道,则礼乐征伐自天子出;天下无道,则礼乐征伐自诸侯出。自诸侯出,盖十世希不失矣;自大夫出,五世希不失矣;陪臣执国命,三世希不失矣。天下有道,则政不在大夫;天下有道,则庶人不议。"

译文

孔子说:"天下清平,制礼作乐、出兵征伐都决定于天子;天下无道,制礼作乐、出兵征伐便决定于诸侯。决定于诸侯,大概传到十代很少有不丧失的;决定于大夫,传到五代很少有不丧失的;家臣执掌了国家命运,传到三代很少有不丧失的。天下清平,国政就不落在大夫手中;天下清平,老百姓们就不会议论。"

解析

本章是一个历史回顾,越是下层,越不稳定,可是越是下层的人上台执政又越不能持久,即是局势越来越动荡,上下都不稳。天下无道指什么?孔子这里讲:一是周天子的大权落入诸侯手中;二是诸侯国家的大权落入大夫和家臣手中;三是老百姓议论政事。对于这种情况,孔子极感不满,认为这种政权很快就会垮台。他希望回到天下有道的那种时代去,政权就会稳定,百姓也相安无事。

孔子曰:"禄之去公室五世矣,政逮于大夫四世矣,故夫三桓之子孙微矣。"

译文

孔子说:"国家政权从朝廷中丧失,已经五代了;政权到了大夫手里,已经四代了,因此桓公的三房子孙现在也衰微了。"

解析

三桓掌握了国家政权,这是春秋末期的一种政治变革,对于这些,孔子表示不满。这一章里孔子对当时社会政治形势提出了自己的认识和态度。孔子的观点是,社会政治变革就是天下无道,这还是基于他的礼治的思想,希望变为天下有道的政治局面。

孔子曰:"益者三友,损者三友。友直,友谅,友多闻,益矣。友便辟①,友善柔②,友便佞,损矣。"

注释

①便辟:朱熹《集注》云:"便,习熟也。便辟,谓习于威仪而不直。"意因熟悉而偏袒。

②善柔:朱熹《集注》云:"谓工于媚悦而不谅"。

译文

孔子说:"有益的朋友有三种,有害的朋友也有三种。朋友正直,朋友信实。朋友见多识广便有益了。朋友阿谀奉承,朋友口蜜腹剑,朋友夸夸其谈便是有害了。"

解析

这一章里孔子把朋友分成两大类,有益的朋友和有害的朋友。这是以为学进德的立场来划分的,如果结交损友,就会被不好的习性所熏染,所同化,对自己有害。结交了益友,也会被良好的品质所熏陶,被潜移默化,所以有益于自己。其实,扩而充之,以广义来讲,所谓君臣之间,领导人与干部之间,应该都以友道相处才对。

孔子曰:"侍于君子有三愆:言未及之而言,谓之躁;言及之而不言,谓之隐;未见颜色而言,谓之瞽。"

译文

孔子说:"陪同君子说话容易犯三种过失:没有轮到自己说话而说话,叫做急躁;该自己说话了却不说话,叫做隐瞒;不看看对方脸色便轻率开口说话,叫做盲目。"

解析

孔子实在深通人情世故,无论是规劝人家也好,有所建议也好,提出请求也好,谈事情一定要先看别人的脸色。当然看人的脸色说话的办法,用在坏的方面就会非常坏。

孔子曰："君子有三戒,少之时,血气未定,戒之在色;及其壮也,血气方刚,戒之在斗;及其老也,血气既衰,戒之在得。"

译文

孔子说:"君子有三项禁戒,年轻的时候,血气尚未稳定,要禁戒女色;到了壮年的时候,血气方刚,要禁戒好斗;到了老年的时候,血气衰微,要禁戒贪得。"

解析

戒色可以保寿,戒斗可以免祸,戒得可以全名。人生如能把这些道理看得开,自己能够体会得到,就蛮舒服。而人生在世,宜控制自己的欲望而修些德性,做事勿为欲望迷失本性,否则到了晚景,自己精神没有安排,是很痛苦的,因而孔子这个人生三戒很值得警惕。

孔子曰："君子有三畏,畏天命、畏大人①、畏圣人之言②。小人不知天命而不畏也,狎大人、侮圣人之言。"

注释

①大人：指在高位的人。
②圣人：指道德修养极高的人。

译文

孔子说："君子有三项敬畏，敬畏天命、敬畏有道德的人心、敬畏圣人的话。小人因为不知道天命而不敬畏，轻慢有道德的人、亵渎圣人的话。"

解析

孔子继承周公姬旦"天命靡常"思想，认为天命跟一个人是否有道德禀赋有关，既信仰天，又强调德。孔子认为君子的内心世界里面应有崇仰和敬畏的对象，这就是天命、大人的形象和圣人的教诲。小人却肆无忌惮，对天命茫无所知，亦无所畏惧；对德高望重的人表现不庄重；对圣人的著作和言行表示侮慢。遗憾的是，某些身居高位的人，不学无术，养尊处优，前呼后拥，不值得敬仰。《孟子·尽心下》："说大人，则藐之，勿视其巍巍然。"也就是说，向大人进言，就得轻看他，不要把他高高在上的气派放在心眼里。流沙河有一首《自勉》小联："偶有文章娱小我，独无兴趣见大人。"看来作者是有感而发。作为在高位的人读过上述孟子的一席话以及流沙河的小联之后，应当有所警醒。

孔子曰："君子有九思：视思明，听思聪，色思温，貌思恭，言思忠，事思敬，疑思问，忿思难，见得思义。"

译 文

孔子说:"君子有九种情况需要考虑:看的时候,需要考虑是否看明白了;听的时候,需要考虑是否听清楚了;脸上的表情,需要考虑是否温和;举止容貌,需要考虑是否端庄;言语谈吐,需要考虑是否忠诚老实;工作态度,需要考虑是否严肃认真;遇到疑问,需要考虑怎样向人请教;要生气了,要考虑有什么后患;看见可得的,需要考虑获取它与义是否符合。"

解 析

这一章通过孔子所谈的君子有九思,把人的言行举止的各个方面都考虑到了。他要求自己和学生们一言一行都要认真思考和自我反省,这里包括个人道德修养的各种规范,如温、良、恭、俭、让、忠、孝及仁、义、礼、智等,这些都是孔子关于道德修养学说的组成部分。

孔子曰:"见善如不及,见不善如探汤①。吾见其人矣,吾闻其语矣。隐居以求其志②,行义以达其道,吾闻其语矣,未见其人也。"

注 释

①汤:滚开水。
②求其志:成就自己的志向。

译文

孔子说:"见到善就像赶不上,见到不善就像手伸进了开水,我见到过这样的人,也听到过这样的话。避世隐居来成就自己的志向,施行道义来贯彻自己的主张,我听过这样的话,但没见到过这样的人。"

解析

原文以两点作为对比。前一点是说专门做好事,坏事沾都不沾,这样的人蛮多;后一点指出,一辈子不被外界的物欲所动心的,这在理论上讲容易,但真要是功名富贵摆在面前时,而能够不要的,却很难很难!这是人生哲学。

齐景公有马千驷①,死之日,民无德而称焉。伯夷、叔齐饿于首阳之下②,民到于今称之。其斯之谓与?

注释

①驷：古代一辆马车用四匹马拉，称为驷。千驷即四千匹马。
②首阳：山名，约在今山西永济以南，亦称首山。

译文

齐景公虽有马四千匹，但他去世的时候，民众不觉得他有什么德行值得称赞。伯夷、叔齐饿死在首阳山下，民众到现在仍然称赞他们。那就是这个意思吧！

解析

这一章到底说的什么意思？实际是很明确很完整的。主要是说德与力的对比，即"骥不称其力，而称其德也。"齐景公有力而无德，伯夷叔齐有德而无力，民称（赞）与不称（赞），就说明了这个要德不要力的道理。

而且，这里为何不说千乘之国，而说"有马千驷"，就是要明确指实力，千乘之国则有多种涵义，如国家的大小，国君的统治能力等，意思就分散不确定了。

bāng jūn zhī qī　　jūn chēng zhī yuē fū rén　fū rén
邦　君　之　妻，君　称　之　曰　夫　人，夫　人
zì chēng yuē xiǎo tóng　bāng rén chēng zhī yuē jūn fū rén　chēng
自　称　曰　小　童；邦　人　称　之　曰　君　夫　人，称
zhū yì bāng yuē guǎ xiǎo jūn　　yì bāng rén chēng zhī yì yuē jūn
诸　异　邦　曰　寡　小　君；异　邦　人　称　之　亦　曰　君
fū rén
夫　人。

【译　文】

国君的妻子，国君叫她为夫人，夫人自称叫小童；国内的人称她为君夫人，在其他国家的人面前则称她为寡小君；其他国家的人也称她为君夫人。

【解　析】

这是古代中国的礼。对人的称谓，反映出各时代的文化演变。对国君之妻的称谓问题极其讲究，带有规范性质。现在一些男士称自己的配偶采用"夫人"的称谓，私下里也是可以；在社交场合，就显得不谦抑，有"自称宝眷"之嫌。港澳台，习称"我的太太"；大陆多称"我的爱人"或"我的老伴"，也有改称"我的太太"，跟着潮流走。关于孔子对称谓问题的讲述，《论语》中都有记载，说明中华礼义文化源头之悠远。

第十四篇 阳 货①

子曰:"性相近也,习相远也②。"

注释

①第十四篇 阳货:在《论语》全文本中此篇应该为第十七篇。
②习:习气。

译文

孔子说:"人的本性是相近的,因为教育和环境的不同而逐渐使他们差距变远了。"

解析

"性相近,习相远"。从表面上看好像是解释人的心理。人的性质虽有相近之处,但由于社会影响而发展方向各有不同。这是孔子对本性的合理说法。如前面说的"益友",即好的环境教育、习俗足可帮助人们走向成功之路。所谓"与善人交,如入芝兰之室,"而"损友"则是被坏的环境、习俗所熏染,同化误入歧途,使其堕落庸俗,从而葬送自己的前程。所谓"与恶人交,如入鲍鱼之肆"。由此可见两者相差甚远。

子曰："唯上知与下愚不移。"

译文

孔子说："只有上等的聪明人和下等的愚蠢人是不可改变性情的。"

解析

一般说来，人性总是善良的，这是从精神层面而言的。人的性格有动、静、缓、急之分，人的品质的善恶是后天习染而得。人的缺点、错误，甚至过恶是可以自觉改正或在外部力量的作用下予以改造，不可挽救的人是极少数。"唯上知与下愚不移"是把问题看得过于绝对化，其实人是可以转变的。"上智"可能变得很糟糕，"下愚"可能取得异乎寻常的成就。另外有些讲法，如"肉食者鄙""卑贱者最聪明"，都得具体分析，人的成败得失，贤愚不肖，受多种因素影响，一概而论，不是辩证分析。对人与事物的认识是一个反复推进、逐渐深化的过程，不是一举完成的。

子之武城，闻弦歌之声。夫子莞尔而笑，曰："割鸡焉用牛刀？"

子游对曰："昔者偃也闻诸夫子曰：'君子学道则爱人，小人学道则易使也。'"

子曰："二三子！偃之言是也。前言戏之耳。"

译文

孔子到了子游当县长的武城，听到了弹琴瑟唱诗歌的声音。孔子微微一笑，说道："杀鸡，哪里用得着宰牛的刀？治理这个小小的武城，用得着这样大行礼乐教育吗？"

子游答道："以前我听老师说过，做官的学习了礼乐，就会对人有仁爱之心；老百姓学习了礼乐，就容易役使他们。可见教育总是有用的。"

孔子说："弟子们！子游的话是非常正确的。我刚才的话不过是和他开玩笑罢了。"

解析

从这一章中衬映出：子游"当仁，不让于师"，孔子知错必改。师生间讨论问题情绪活跃，于细微处见到一种精神力量，微言中也蕴藏着大义。孔子能在学生面前公开承认自己的不是，说明他的强大，折射着一种诚实的光芒，反映出他坦然自若的为人处世之道。

公山弗扰以费畔①,召,子欲往②。

子路不说,曰:"末之也③,已④,何必公山氏之之也⑤?"

子曰:"夫召我者,而岂徒哉⑥?如有用我者,吾其为东周乎?"

注释

①公山弗扰:又名公山不狃,字子泄,鲁国大夫季孙氏的家臣。畔:同"叛",反叛。此指公山弗扰伙同阳货在费邑反叛季氏。

②子欲往:《史记·孔子世家》对孔子的这一行为有如下的说明:"孔子循道弥久,温温无所试,莫能己用,曰:'盖周文武起丰镐而王,今费虽小,傥庶几乎?'"后人认为,孔子的这段话恐怕不可尽信。

③末:没有地方。之:往。

④已:止。

⑤何必公山氏之之也:"何必之公山氏也"的倒装。第一"之",帮助倒装的结构助词;第二"之",动词,往。

⑥而岂徒哉:"而岂徒召我哉",的省略形式。

译文

公山弗扰占据费邑要反对季氏,请孔子去,孔子想去。

子路很不高兴,说:"没什么地方可去就算了,何必一定要去公山氏那里呢?"

孔子说:"召我去的人,难道是白白召我吗?如果有人用我,我也许会使鲁国建成东方周王朝,使周王朝的礼乐制度复兴。"

解 析

据《史记·孔子世家》记载，鲁定公八年，公山弗扰不得意于季氏（季桓子），依仗阳虎的势力，在费邑反叛季氏，使人邀请孔子前往费邑共图大事。

当时孔子已经进入"天命"之年(50岁)，长期郁郁不得志，对公山弗扰的邀请寄予希望，认为周文王、周武王以丰镐为根据地而有天下，费邑虽偏小，也可能有所作为，打算应邀前往。子路却不同意。后来孔子想了好久，还是没去。

鲁定公十二年，孔子为鲁国司寇，子路为季氏宰，孔子计议"堕三都"，以削私家而强公室，公山弗扰却站在孔子的对立面反对"堕三都"，率先发动叛乱，偷袭曲阜。孔子令鲁大夫申句须、乐欣率部打败费人，遂堕费邑。事实证明，子路阻止孔子投靠公山弗扰颇有先见，公山弗扰是位野心家。对出处进退这种大事，像孔子这样一位超贤入圣的人物也有棘手伤神的时候，我们一般人更不可以粗疏大意。

子谓伯鱼曰:"女为《周南》《召南》矣乎①?人而不为《周南》《召南》,其犹正墙面而立也与②?"

注释

①《周南》《召南》:《诗经·国风》中的篇章。
②正墙面而立:意思是说虽近在咫尺,却不能见,不能行。朱熹《集注》云:"言即其至近之地而一物无所见,一步不可行。"

译文

孔子对伯鱼说:"你研究过《周南》和《召南》了吗?人如果不研究《周南》和《召南》,那就如同正对着墙壁站立而不能再向前行走了。"

解析

孔子曾经授意自己的儿子伯鱼要学诗,这一章记叙孔子具体叫伯鱼要学《诗经》十五国风中的前两部分,即《周南》和《召南》,简称之为"二南"。"二南"编排在十五国风之前,而歌词实际比其他国风晚出。"二南"采集于楚国境内。楚国当时物产丰富,经济发达,文化繁荣,政治相对稳定,是新兴的民族地区。"二南"内容最富人民性和艺术性,大都有关男女夫妇之道,历代儒者认为具有一定的礼乐文化的教育意义。《诗大序》誉之为"正始之道,王化之基"。(是拨乱反正的起步手段,是确立王道教化的基础。)

子曰："色厉而内荏①，譬诸小人，其犹穿②窬之盗也与？"

> 注 释

①色厉而内荏：荏，软弱。外表刚强而内心怯懦。现为成语"色厉内荏"。

②穿：在墙上打洞。窬：翻墙。

> 译 文

孔子说："外表刚强但内心怯懦的人，以小人来作比喻，就像是挖洞跳墙的小偷吧！"

> 解 析

孔子说的是春秋战国时候，许多大人们的这种变态表现。我们知道，一个人内心没有真正的涵养，就会变成"色厉内荏"，内心非常空虚可外表却装得满不在乎。这种德行的人，随处可见。孔子的刻画，可说洞然若烛。

子曰："道听而途说，德之弃也。"

> 译 文

孔子说："在路上听到小道消息就四处传播，这便背弃了道义。"

解析

道听途说这句话,就是告诫我们,不管是读书还是做学问,或者道德修养、做人处世,都要深入求证,不能随便相信流言,更不能加以传播。

子曰:"鄙夫可与事君也与哉①?其未得之也,患得之②。既得之,患失之。苟患失之,无所不至矣。"

注释

①鄙夫:品德低下恶劣的人。
②患得之:当作"患不得之",脱一"不"字。刘宝楠《正义》引《荀子·子道》《潜夫论·爱曰》称原当作"患不得之",据补。

译文

孔子说:"一个卑鄙恶劣的小人,难道能同他共同服侍君上吗?当他没有得到官职的时候,生怕得不到;已经得到了,又怕失去。假如生怕失去官职,他任何极端的手段都会采用的。"

解析

孔子在这里就是说明私欲太大,没有真正伟大的思想、伟大的人格和伟大的目标,只为个人利害而计较的为鄙夫。后世"患得患失"的成语,就是根据这里来的。能不能正确对待个人名利问题,牵涉到一个人的自觉性和自律性。

子曰:"恶紫之夺朱也①,恶郑声之乱雅乐也②,恶利口之覆邦家者。"

注释

①恶紫之夺朱也:春秋时,紫色已逐渐取代朱色的正色地位了。
②郑声:郑国的乐曲。雅乐:周朝京城正统的乐曲。

译文

孔子说:"厌恶紫色夺去了朱色的地位,厌恶郑国的乐曲破坏了典雅的京城音乐,厌恶能言诡辩以强嘴利舌来倾覆国家。"

解析

是和非的辨别,邪道和正道的划分,是不能混淆的,无论在政治上和家庭中都应建立一个良好的秩序,要不然就会处于一片混乱。

子曰:"予欲无言。"子贡曰:"子如不言,则小子何述焉?"子曰:"天何言哉?四时行焉,百物生焉,天何言哉?"

译文

孔子说:"我不打算说话了。"子贡道:"老师假如不说话,那我们这些后生传述什么呢?"孔子道:"上天说了什么呢?四季还是照样运行,百物还是照样生长,上天说了什么呢?"

解析

孔子始终认为身教重于言教,要接受无言的教诲。人应在苍天大地的潜移默化当中,自觉敞开胸怀,扩大视野,转变思想,体味人生的真谛!

这一章寄意深远,似乎与道家的黄老思想和盛唐时代才兴起的佛家的禅宗旨趣有相关之处。这牵涉到佛、道两家的登堂入室问题,也就是说要迈步到灵魂的精神境界才能有所开悟。像我们这些长期泡在物质生活和浅层精神生活的芸芸众生,只好望而却步了。

孺悲欲见孔子①，孔子辞以疾②。将命者出户③，取瑟而歌，使之闻之。

注释

①孺悲：鲁国人。
②辞以疾：即"以疾辞"。用有病作借口推辞。按礼节，年轻人初次见年长位尊的人一定要有人介绍。有人说孺悲初次见孔子没人介绍，孔子有意不见。
③将命者：传话的人。

译文

孺悲想去拜见孔子，孔子托病推辞了。传话的人刚出房门，孔子便取下瑟边弹边唱，故意让孺悲听见使他知道为什么不见他。

解析

孺悲是鲁哀公身边的人，据《礼记·杂记下》："恤由之丧，哀公使孺悲之孔子学士丧礼，《士丧礼》于是乎书。"士人的丧礼怎样进行，《士丧礼》成为明文规定，与孺悲受命向孔子学习有关。这也说明孺悲欲见孔子不是第一回。本章孺悲见孔子，而孔子不见，故意取瑟而歌，就等于是一种不言之教。有意让孺悲触点霉头，让他知道大千世界不是处处顺心，事事随意。也许孺悲平步青云，志得意满，前次求见，缺乏谦恭精神，孔子此番有意让他受点挫失，让他自知收敛。

子曰："饱食终日，无所用心，难矣哉！不有博弈者乎？为之，犹贤乎已。"

译文

孔子说："整天吃饱了撑着，什么事也不做,这种人很难有所作为的呀！不是有掷采下棋的游戏吗？去下下棋也胜过什么事也不做好呀。"

解析

为什么孔子有这个感叹？因为在当时的社会、政治制度下，许多富家公子少爷，都是这个情形。所以孔子说，倒不如学学下棋，还能动动脑筋，总比较好一点，最怕是不用脑筋。这个话我们现在看来，也许会没有什么感觉，如果是从事教育事业的话，就会有所感慨了。

第十五篇　微　子[①]

微(wēi)子(zǐ)去(qù)之(zhī)[②]，箕(jī)子(zǐ)为(wéi)之(zhī)奴(nú)，比(bǐ)干(gān)谏(jiàn)而(ér)死(sǐ)。孔(kǒng)子(zǐ)曰(yuē)："殷(yīn)有(yǒu)三(sān)仁(rén)焉(yān)。"

注　释

①第十五篇　微子：在《论语》全文本中此篇应该为第十八篇。
②微子：是殷代的末代皇帝纣王的长兄，名启，微是他的封国，子是他的爵位。

译　文

纣王暴虐无道，微子离纣王而去，箕子做了奴隶，比干由于竭力进谏而被杀死。孔子说："殷朝有三位仁人呀。"

解　析

纣王，商代亡国之君，其实施暴政，横征暴敛，沉迷酒色，昏庸至极。庶兄微子看不过去，数谏不从，受父师指点，只好外出逃亡。箕子数谏被降格为奴隶，和周文王一道遭受囚禁。比干与九侯、鄂侯、梅伯等最终惨遭杀害，比干被打开胸膛剖心而死。孔子觉得这是古代的忠臣，虽然他们本身死了，可是对于国家文化的精神，永远留下千秋万代的榜样。故称他们是殷商时代的三位仁人，成仁取义的人。

柳下惠为士师①,三黜。人曰:"子未可以去乎?"曰:"直道而事人,焉往而不三黜?枉道而事人,何必去父母之邦?"

注释

①柳下惠:人名。柳下,其食邑所在地。惠,是谥号。姓展,名获,又名禽,鲁国的贤大夫。士师:主管刑罚的官名。

译文

柳下惠担任鲁国司法官,多次被撤职。有人说:"您不可以离开鲁国吗?"他道:"按照正道侍奉君主,到哪一国去不会遭到多次罢免的遭遇呢?若用邪道侍奉君主,又何必要离开自己的国家呢?"

解析

柳下惠的高风亮节可用四个字来形容:直道事人。柳下惠在出处进退上不计较个人得失,按正道行事。在待人接物上,宁愿把温暖和关怀送给别人,不畏讥议。正所谓:"根深不怕风摇动,树正何愁月影斜。"赞扬柳下惠的高尚的人格,以此来贯彻孔子思想的正道事人,正道立身的处世方法。

齐景公待孔子曰①："若季氏，则吾不能；以季孟之间待之。"曰："吾老矣，不能用也。"孔子行。

注释

①齐景公：齐国国君，名杵臼。

译文

齐景公讲到怎样对待孔子的打算时说："如果要像用鲁君对待季氏的规格那样对待孔子，那我做不到；我要给他次于季氏而高于孟氏的待遇。"不久，又道："我老了，不能够任用他了。"于是孔子便离开了齐国。

解析

鲁昭公二十五年，鲁国内乱，鲁昭公奔齐，随后孔子率少数弟子亦投奔到齐国，曾经受到齐景公的关注和礼遇，后来日见疏远。孔子只好返回鲁国。一个人的立身出处，当环境不容许的时候，就毅然而去，所谓"飘然远引"，没有什么留恋。人生为了什么呢？为了实现自己的理想，为了自己能对社会人类有所贡献，绝不会为了功名富贵，乃至如陶渊明不为五斗米折腰，这也说明柳下惠的道理，也是说明殷朝三仁道理。

齐人归女乐，季桓子受之，三日不朝，孔子行。

译 文

齐国给鲁国送了许多歌姬舞女，季桓子接受了，一连几天都不理朝政，孔子于是离开了鲁国。

解 析

当时孔子在鲁国任代理丞相，齐景公对孔子是了解的，出于有点恐惧的心理，想给鲁国送点土地，结果一个大臣说，先想法让他们泄气，泄不了气再送地不晚，就在临淄选了漂亮女子八十人，奏乐跳舞，还有马三十驷，送给鲁定公。季桓子再三地出去偷看，从而使孔子大失所望，鲁国君臣这样迷恋女乐，朝政也日衰。结果不仅是泄气，连孔子也气走了。

逸民①：伯夷、叔齐、虞仲、夷逸、朱张、柳下惠、少连②。子曰："不降其志，不辱其身，伯夷、叔齐与！"谓"柳下惠、少连，降志辱身矣，言中伦③，行中虑④，其斯而已矣。"谓"虞仲、夷逸，隐居放言⑤，身中清，废中权。我则异于是，无可无不可。"

注释

①逸：同"佚"，遗落。逸民：《汉书·律历志》颜师古注云："谓有德而隐处者。"

②虞仲、夷逸、朱张、少连，四人言行已不可考。

③言中伦：言语合乎伦理。中，符合，合乎。

④行中虑：行为合乎理智。

⑤放言：不谈世事。

译文

古今被遗落的贤人有伯夷、叔齐、虞仲、夷逸、朱张、柳下惠、少连。孔子道："不降低自己的志向，不污辱自己的身份，是伯夷，叔齐吧！"又说，"柳下惠、少连虽然降低自己意志，玷污自己身份了，可是言语合乎伦常，行为经过思虑，那也不过如此罢了。"又说："虞仲、夷逸逃世隐居，放肆直言。保持他们自身的清白正直，被废弃的是他的权术。我就和他们这些人不同，没有什么可以，也没有什么不可以。"

解析

这一章等于是本篇内容要点的画龙点睛了。本篇的宗旨就在这个地方，也可以说，在为人处世上，给我们一个启示：随机应变，见机行事，看自己应该向哪一个人生路线迈进。

大师挚适齐,亚饭干适楚①,三饭缭适蔡,四饭缺适秦,鼓方叔入于河②,播鼗武入于汉,少师阳、击磬襄入于海。

注 释

①亚饭:按周朝制度规定古代天子诸侯用饭要奏乐,所以乐官有"亚饭""三饭""四饭"之名。
②鼓方叔:击鼓的乐师名方叔。河:指河内,即黄河以北的晋国。

译 文

太师挚去了齐国,亚饭乐师干去了楚国,三饭乐师缭去了蔡国,四饭乐师缺去了秦国,打鼓的方叔入居黄河地区,摇小鼓的武居汉水之涯,少师阳和击磬的襄入居海边。

解 析

本章只有记事,并无孔子言语,说的是这些乐师游走散失,流落四方,真是"礼崩乐坏"。乐,不止言音乐;乐坏指的是传统制度、体系的崩溃。

周公谓鲁公曰①："君子不施其亲②，不使大臣怨乎不以。故旧无大故③，则不弃也。无求备于一人。"

注释

①鲁公：周公旦的儿子伯禽。
②施：同"弛"。
③无大故：没有重大过错。

译文

周公对鲁公说道："君子不怠慢他的亲族，不让大臣抱怨没有被重用，老臣故人没有很大的过错，就不要舍弃他。不要对某一人求全责备！"

解析

这四点是周公吩咐他的儿子——鲁国的国君，为领袖者的重要原则。因此，把这章放在本篇这个地方，编得太好了。上面讲了许多人生态度与孔子对立的人，以及一般逃隐之士。如《孔子家语》记载所骂孔子的"如丧家之狗"，像条野狗一样，到处乱跑，在此比较，则形成两个目标完全不同的相对类型。因此就可以看出一个道理：很多隐逸的人是被环境逼走的。

第十六篇 子 张[①]

子张曰："士见危致命，见得思义，祭思敬，丧思哀，其可已矣。"

注释

①第十六篇 子张：在《论语》全文本中此篇应该为第十九篇。

译文

子张说："作为一个读书人，遇见危难肯献出生命，遇到有所得便考虑是否该得，祭祀时想到要严肃恭敬，居丧时记着要悲痛哀伤，这样做就可以了。"

解析

"见危致命，见得思义"，这是

君子之所为，即在遇见危难时，可以毫不犹豫地献出生命。同样，在有利可得的时候，他往往想到这样做是否符合义的规定。这是孔子思想的精华点。而本篇虽都是孔子学生的言论，却也不乏可观字句。朱熹等撰《近思录》，就是"切问而近思"，顾炎武撰《日知录》，就是"日知其所亡"，都是取义于本篇子张的话。

子张曰："执德不弘①，信道不笃，焉能为有？焉能为亡？"

注释

①执德不弘：朱熹《集注》云："有所得而守之太狭。"以'得'释'德'。又，章太炎《广论语骈枝》谓"弘"同"强"。

译文

子张说："持守德行而不光大，信奉大道而不笃实，这样的人有他不为多，没他不为少。"

解析

做人没有建立自己的人生观，自己没有中心思想，就会受环境的影响而转变，有的人没事做时，会很痛苦，就是因为自己没有中心思想的修养，如果自己有中心而退休闲居，就没有关系，否则的话，闲居时就很可怜，这情形就是子张这个话，"焉能为有？焉能为亡？"子张认为要做到"执德能弘，信道能笃。"自己有中心思想才可以。能处有处无，坦然自在。

子夏曰:"虽小道①,必有可观者焉;致远恐泥②,是以君子不为也。"

注释

①小道:朱熹《集注》云:"谓农圃医卜之属。"
②泥:行不通。朱熹《集注》认为是"不通"的意思,并引杨氏说释"致远恐泥"云:"皆有所远明而不能相通。"

译文

子夏说:"即使是小技艺,也必定有可观可取的地方;但要想它长远发挥作用,恐怕也是不行的,因此君子不从事这些小技艺。"

解析

子夏的观点,在春秋时代可能代表着一种思潮,有它的现实意义。今天时代不同了,科学技术、金融实业、工农业生产、文娱活动、旅游事业,都是现代文明的主题。如果仍将棋艺、养花、垂钓、绘画等文化娱乐活动,认为是小道,都将受到责难和讥议。

行行出状元,小道也出大成绩。百家众艺,也可以名重一时,体现民族精神。农圃医工,百工技艺,如今绝不能视为小道而置之度外。

子夏曰:"日知其所亡,月无忘其所能,可谓好学也已矣。"

译 文

子夏说:"每天学会自己不知道的知识,每月复习一些已经掌握的知识,就可说是好学了。"

解 析

这是子夏对孔子"温故知新"和"博文约礼"的学习方法的具体诠释和发挥。"日知其所无"是知

新,是博文,"月无忘其所能"是温故,是约礼。"日知其所无"是学进,"月无忘其所能"是德立。

日进有功,拳拳弗失,就做到了温故知新。孔子觉得这可以作为一种学习的方式、方法,子夏觉得可称得上好学的了。

zǐ xià yuē　　xiǎo rén zhī guò yě bì wén
子夏曰:"小人之过也必文。"

译 文

子夏说:"小人犯过失,一定加以掩饰。"

解 析

这里讲到人生的修养。后来中国文学中常用"文过饰非"四个字,其出典在此。自己有了过失,粉饰一下,掩饰一下,这一定是

小人的所为。

子夏曰："君子有三变：望之俨然①，即之也温②，听其言也厉。"

注释

①俨然：恭敬、庄重的样子。
②即：靠近。

译文

子夏说："君子有三种神态的变化：远远望去，严肃庄重；靠拢接近，温文尔雅；听他的言语，严厉不苟。"

解析

这是讲有高度修养的人。前面中有这三句话的同义词用来形容孔子，他这里再重提一下，强调君子修养的典型。

子夏曰："君子信，而后劳其民；未信，则以为厉己也。信而后谏；未信，则以为谤己也。"

译文

子夏说："君子必须得到百姓的信任以后才去调用民众；如果没有得到信任就去役使他们，百姓会以为你在有意虐待他们。必须得到君上的信任以后才去进谏,如果没有得到信任就进谏,君上会认为你在毁谤他。"

解析

这句话是子夏教学生们将来做人处世的道理,上面两句话是讲如何做执政者,下面两句话,是讲做臣子侍奉国君,"臣道"应有的态度。君王若没有信任之心,如进谏有不入耳之言,将会误认为是毁谤和诅咒,屈原、韩愈被流放就是很好例证。

子夏曰:"大德不逾闲①,小德出入可也。"

注释

①闲:栅栏,此指一定的范围。朱熹《集注》云:"阑也,所以止物之出入。"

译文

子夏说:"在大德小节上不能超越一定的界限,小节上放松一点没多大关系。"

解析

为人处事,很难面面俱到,完全符合规矩。子夏主张大德、大原则不要超出范围,不可以轻易变更;小的毛病大家都有,不要过分责备。

现在政治生活中有一种提法,叫作"大事讲原则,小事讲风格"。这与子夏讲的内容,在精神上是一致的,值得对照和发扬。

有一点必须加以说明。在律己方面,不能忽视小德,可以这样说,大德是小德的积累和叠加。《尚书·周书·旅獒(大犬)》:"不矜细行,终累大德。为山九仞,功亏一篑(古代盛土的筐子)。"孔安国传注:"轻忽小物,积害毁大,故君子慎其微。"

子夏曰:"仕而优则学①,学而优则仕。"

注释

①优:充足,这里指有余力。

译文

子夏说:"做官还有余力的人,就有时间去学习;学习有余力的人,有空闲便去做官。"

解析

这是子夏阐述"仕"和"学"之间的关系的一句有名的话,是儒家"官文化"中的指导思想之一,把为官与学习联系在了一起。话虽是子夏所说,但与孔子的"举贤才"和"学也,禄在其中矣"的思想有源流关系。

只要把"优"字的含义吃准了,整句内容便不难理会。"当官的行有余力,要抓紧学习,继续接受教育;学有所成,行有余力,可以入官任职,服务于人群社会。"当时的知识分子的出路在于"致仕",也就是做官。

子游曰:"丧,致乎哀而止。"

译文

子游说:"居丧只要能尽了哀思就可以了。"

> 解 析

子游的思想是根据孔子的传统来的,他认为当时社会风气中,对丧礼过分的铺张,那些只是表面上对死者表示哀痛而已。他有一个修正的论调,认为办丧事要诚心哀痛就够了,办得非常隆重,内心没有一点哀痛,外面的礼貌再好,仍不是丧礼的精神。

曾子曰:"吾闻诸夫子:人未有自致者也①,必也亲丧乎!"

> 注 释

①致:尽致,指人的感情全部都表露出来。

> 译 文

曾子说:"我从老师那里听说过,平常时候,人的感情不可能自动地得以发挥,如果有,一定是在父母去世的情况下才尽情流露出来吧!"

> 解 析

这是用曾子的话,说明学问的道理。父母之丧,哀痛迫切之情,不待人勉而能自尽其极。

曾子曰:"吾闻诸夫子:孟庄子之孝也①,其他可能也;其不改父之臣与父之政,是难能也。"

◆ 注 释 ◆

①孟庄子:鲁国大夫孟献子仲孙蔑之子,名速。

◆ 译 文 ◆

曾子说:"我听老师说过:孟庄子的孝,别人在其他方面也可以做到;而他留用父亲的臣下僚属,不改变他父亲的政治措施,这在别人是难以做到的。"

◆ 解 析 ◆

对人付出太多的感情时,对方也许会受不了,对朋友太热心帮忙,如果过分干涉到他的事务,必会遭到反感,所以人生就是政治,政治也是人生。"不改父之臣与父之政"的确很难。所以这几句话在书面上很简单,却是真学问,要好学、要深思,用头脑从人生中去体会。

mèng shì shǐ yáng fū wèi shì shī　　wèn yú céng zǐ
孟氏使阳肤为士师①,问于曾子。
céng zǐ yuē　　shàng shī qí dào　　mín sàn jiǔ yǐ　　rú
曾子曰:"上失其道,民散久矣。如
dé qí qíng　　zé āi jīn ér wù xǐ
得其情,则哀矜而勿喜!"

注释

①孟氏：孟孙氏，鲁国的大夫。阳肤：曾子的弟子。士师：管理司法的官职。

译文

孟氏任命阳肤做法官，阳肤向曾子求教应该怎么去做。曾子道："居上位的人行事不按正道，不依法度，百姓早就散漫无纪了。你如果能审出罪犯的真情，就应当怜悯犯罪的百姓，不要为将他们治罪而自鸣得意！"

解析

这是曾子对法治的观点，他认为应该把社会的实际情形与法治配合起来，这是执法人员应该具有的态度。判案的人，要深深了解案件的内情，洞察犯罪的动机究竟在哪里？

子贡曰："君子之过也，如日月之食焉①：过也，人皆见之；更也，人皆仰之。"

注释

①食：通"蚀"。

译文

子贡说："君子的过失就像日食月食一样：错的时候，大家都见得到；改的时候，大家仍都仰望着。"

解析

本章的意思有两个：第一个意思是说，君子不怕有过，也不会自己掩饰，错了就坦承错了，让大家看得见，这是君子风度。不过现在明白了，改暗更明，人家就像对太阳、月亮一样，仍然会仰望他的光明。在第二个意思中，君子就是代表在上面的人，领导人。

卫公孙朝问于子贡曰："仲尼焉学？"子贡曰："文武之道，未坠于地，在人。贤者识其大者，不贤者识其小者，莫不有文武之道焉。夫子焉不学？而亦何常师之有？"

译文

卫国的公孙朝问子贡说："仲尼的学问是从哪里学来的？"子贡说："周文王周武王的道，并没有失传，还留在人们中间。贤能的人可以了解它的根本，不贤的人只了解它的末节，没有什么地方无文王武王之道。我们老师何处不学呢？又何必要有固定的老师传播呢？"

解析

这一章是研究孔子本人和研究中国文化的几个不同观点。子贡说孔子不是专向某一个人学习，而是向众人学习。故唐代韩愈说"圣人无常师"（《师说》）。

第十七篇 尧 曰①

尧曰："咨②！尔舜！天之历数在尔躬③，允执其中④。四海困穷，天禄永终。"

舜亦以命禹。

曰："予小子履敢用玄牡⑤，敢昭告于皇皇后帝：有罪不敢赦。帝臣不蔽⑥，简在帝心⑦。朕躬有罪，无以万方；万方有罪，罪在朕躬。"

周有大赉⑧，善人是富。"虽有周亲，不如仁人。百姓有过，在予一人。"⑨

谨权量⑩，审法度，修废官，四方之政行焉。兴灭国，继绝世，举逸民，天下之民归心焉。

所重：民、食、丧、祭。

宽则得众，信则民任焉，敏则有功，公则说。

注释

①第十七篇　子张：在《论语》全文本中此篇应该为第二十篇。
②咨：表示赞美的感叹词。
③天之历数：指帝王相继的次序。
④允执：公正地执掌。
⑤予小子：上古帝王自称之词。履：汤的别名。玄：黑。牡：公牛。
⑥不蔽：不敢隐瞒掩盖。
⑦简：明察。
⑧赉：赏赐。
⑨此四句为周武王封诸侯之辞。
⑩谨权量，审法度：权是度量重量的器具，量就是容量，度为长度。这两句意为齐一度量衡一个意思。

译文

尧说："咨，你这个舜，上天的大命落在你身上了，你要好好地坚持正确的治国方略，诚实地保持着那正确吧！如果天下的百姓都困苦贫穷，上天给你的禄位也会永远终止。"舜也用这番话嘱咐了禹。

其后汤又说："我谨用黑色的公牛作祭祀的祭品，谨此明告伟大的天帝：对于有罪的人我不敢擅自赦免。我是天帝的臣仆于心毫无遮蔽，天帝明明白白都知道。要是我本人有罪，不要牵连到天下老百姓；天下老百姓有罪，都应归在我一个身上。"

往后周武王大规模地封赏诸侯，让好人富起来，说道："虽有周围至亲，

却不如有仁德的人。百姓如果有过错,那么罪过全算在我一人身上。"

于是谨慎地审定度量衡,修订礼乐法度,整顿百官职司,天下政令开始运转起来。接着恢复被灭亡了的诸侯国,接续已经中断的世族,提拔遗落了的人才,天下的民众就都会心悦诚服了。

同时当权者还重视百姓、粮食、丧葬、祭祀。政治宽松就会得到群众的拥护,诚实讲信用就会得到百姓的信任,勤敏就会有功绩,公正了,民众就会高兴。

解 析

这一大段文字,记述了从尧帝以来历代先圣先王的遗训,中间也许有脱落之处,衔接不起来。后来的部分里,孔子对三代以来的美德善政作了高度概括,可以说是对《论语》全书中有关治国安邦平天下的思想加以总结,对后代产生了很大的影响力。

子张问于孔子曰:"何如斯可以从政矣?"

子曰:"尊五美,屏四恶①,斯可以从政矣。"

子张曰:"何谓五美?"

子曰："君子惠而不费，劳而不怨，欲而不贪，泰而不骄，威而不猛。"

子张曰："何谓惠而不费？"

子曰："因民之所利而利之，斯不亦惠而不费乎？择可劳而劳之，又谁怨？欲仁而得仁，又焉贪？君子无众寡，无小大，无敢慢，斯不亦泰而不骄乎？君子正其衣冠，尊其瞻视，俨然人望而畏之，斯不亦威而不猛乎？"

子张曰："何谓四恶？"

子曰："不教而杀谓之虐；不戒视成谓之暴②，慢令致期谓之贼③；犹之与人也，出纳之吝谓之有司④。"

注释

①屏：音併，去声，bìng，同"摒"，除掉。

②不戒视成：刘宝楠《正义》引马融说云："不宿戒而责目前成，为视成。"

③致期：朱熹《集注》云："刻期也。"贼：朱熹《集注》云："贼者，切害之意。缓于前而急于后，以误其民而必刑之，是贼害之也。"

④出纳：意在"出"上，纳不译。

译文

子张向孔子问道："怎样才可以治理好政事呢？"

孔子说："尊尚五种美德，摒弃四种恶政，这样就可以治理政事了。"

子张说："有哪五种美德呢？"

孔子说："君子为人民谋利益，自己却无所耗费。使百姓劳动而不怨恨，有欲望而不贪婪，安泰而不骄傲，有威严而不凶猛。"

子张说："为人民谋利益，自己却无所耗费，这是什么意思？"

孔子说："让老百姓做对他们有利的事，不就是使老百姓得到了好处而自己不耗费吗？只选择老百姓可以干的事情而让他们干，百姓还有谁会怨恨呢？自己追求仁义便得到仁义了，还贪图别的干什么？无论多少，无论大小，君子都不敢怠慢，不就安详而不骄傲了吗？君子端正自己的衣冠，庄重自己的仪表，使人望而生畏，不就是威严而不凶猛了吗？"

子张说："什么叫四种恶政呢？"

孔子说："不加教诲就杀戮叫做虐；不加申诫就检视成绩叫做暴；懈怠政令却限期完成叫做贼；同样是给予人的，但在拿出手时却舍不得，这叫做吝啬。"

解析

本章记载子张向老师进一步讨教，如何才可治理好国家政治。孔子提出崇尚五种美德、

摒除四种恶政的主张。有正面的要求,也有反面的告诫,其中包含有丰富的民本思想。比如,"因民之所利而利之""择可劳而劳之",反对不教而杀、不戒视成的暴虐之政。从这里可以看出,孔子对德治、礼治社会有自己独到的主张,在今天仍不失其重要的借鉴价值。

孔子曰:"不知命,无以为君子也;不知礼,无以立也;不知言,无以知人也。"

译文

孔子说:"不懂得天命,就不能做君子;不知道礼仪,就不能立身处世;不善于分辨别人的话语,就不能真正了解他。"

解析

知命,知礼,知言,才知道做人,才是一个有学问的人。孔子所说的这段话是包含有一些积极意义的。如提倡要面对现实,识时务,明确人生的道义等等。世事的变化有时真难以意料,命运也是如此,只因人的所知有限,对智力所不及的事情,很难去违背自然法则。但这并不意味着要听天由命,一切由天命来决定。人类对自然的探求已有几千年,对人生的思考也是与生俱来,而人们对世界、宇宙的认识与日俱增。以前认为不知的、天命的东西以后完全可以用科学来解决,以前不可抗的东西现在以人之力也做到了。然而在儒家认为人的一生中的吉凶、祸福、生死、贫富、利害都是上天安排主宰着,命中注定的,人对之无可奈何无力改变。这只是唯心主义的一种哲学观点,我们现代人要懂得加以区别判断,辩证地吸收其精华。

读书笔记

_____年_____月_____日